高等职业教育机电类专业新形态教材

生产现场 5S 管理

主编　任雪娇　张景钰
参编　王小爱　王嘉明　赵　君　鲁　涛

机械工业出版社

本书共分为三篇：基础篇包括5S管理认知、5S管理准备、5S管理推行3个项目；方法篇中介绍了定点摄影法、油漆作战法、看板管理法、红牌作战法、寻宝活动法、定置管理法、标志大行动、识别管理法等5S方法；实操篇包括生产现场整理、生产现场整顿、生产现场清扫、生产现场清洁、生产现场素养5个项目。

　　基础篇和方法篇采用简洁的语言，深入浅出地对5S的内涵、起源、准备与推行过程、具体实施方法等进行了详细的阐述，为实操篇——5S的具体实施打好基础。实操篇将生产现场5S管理的具体实施过程进行了模块化划分，采用任务引领的方式，详细介绍了每个S的实施步骤与注意事项等内容。

　　本书深度融合思政元素并在配套"学银在线"上建有"生产现场5S管理"在线开放课程，通过扫描标注在教材中的二维码，可随时观看。每个项目之后都设置了巩固自测环节，可以帮助读者更加及时、全面地掌握所学知识。

　　本书配有电子课件，凡使用本书作为教材的教师，可登录机械工业出版社教育服务网（http://www.cmpedu.com）下载。咨询电话：010-88379375。

　　本书可作为高等职业教育机电类专业的教材，也可供企业中的技术管理人员参考。

图书在版编目（CIP）数据

生产现场 5S 管理 / 任雪娇，张景钰主编. -- 北京：机械工业出版社，2025. 4. --（高等职业教育机电类专业新形态教材）. -- ISBN 978-7-111-77976-6

Ⅰ. F406.2

中国国家版本馆 CIP 数据核字第 2025TA3135 号

机械工业出版社（北京市百万庄大街 22 号　邮政编码 100037）

策划编辑：王英杰　　　　　　　　责任编辑：王英杰
责任校对：贾海霞　张　薇　　　封面设计：张　静
责任印制：张　博
北京建宏印刷有限公司印刷
2025 年 6 月第 1 版第 1 次印刷
184mm×260mm · 9.75 印张 · 237 千字
标准书号：ISBN 978-7-111-77976-6
定价：37.00 元

电话服务　　　　　　　　　　　网络服务
客服电话：010-88361066　　　机 工 官 网：www.cmpbook.com
　　　　　010-88379833　　　机 工 官 博：weibo.com/cmp1952
　　　　　010-68326294　　　金 书 网：www.golden-book.com
封底无防伪标均为盗版　　　机工教育服务网：www.cmpedu.com

制造业是立国之本、强国之基。改革开放以来，我国制造业充分发挥劳动力成本低廉的优势，在全球范围内形成了一条完整的产业链，具备了强大的国际竞争力。但是，随着新一轮产业革命与科技革命的到来，以及近年来世界变局的影响，整个国际市场需求出现大幅度下降，给我国出口型制造企业带来了较大困难。另外，我国制造业还面临着成本上升、技术升级缓慢、环保压力增大等一系列困境，因此制造业转型升级势在必行。如何缩小与世界先进企业的差距呢？如何进行制造业的管理和控制呢？

技能人才是推动技术进步、促进产业升级的重要力量，也是我国从制造业大国向制造业强国转变的基础。建设一支高素质的技工队伍是中国发展的重要保障。如何建设高素质的技工队伍呢？

基于中国制造业企业发展和高素质技工队伍建设的需要，我们结合多年的理论与实践教学经验，策划编写了本书。本书共分为三篇：基础篇包括5S管理认知、5S管理准备、5S管理推行3个项目；方法篇介绍了定点摄影法、油漆作战法、看板管理法、红牌作战法、寻宝活动法、定置管理法、标志大行动、识别管理法等方法；实操篇包括生产现场整理、生产现场整顿、生产现场清扫、生产现场清洁、生产现场素养5个项目。内容具有很强的实用性和针对性，旨在提高读者的生产现场管理意识，为制造业管理人员提供创新管理的新思路、新方法与新技巧。

本书在编写过程中突出以下特点：

1. 本书在每个项目的开头设置了"项目目标"，将本项目的知识目标、能力目标、素养目标提炼出来，为读者指明学习方向。

2. 本书在每个项目的开头设计了"项目引入"，通过游戏、故事、问答等方式引导读者进入本项目的学习。同时在每个项目的末尾设置了"评价反馈"，帮助读者对本项目学习的内容进行回顾和评价。

3. 本书在每个项目设置了"拓展与巩固"："拓展知识"可以有效拓宽读者学习视野，加深对本项目内容的理解；"巩固自测"则可以帮助读者提升思维活跃度，有效巩固学习效果。

4. 本书结合项目内容，以典型案例为示范，以名人名言做支撑，多角度、全方位融入思政元素，构建了全面覆盖、类型丰富的"启示角"，实现思想政治教育与知识体系教育的有机统一。

5. 本书资源丰富，每个项目皆配设相关视频资源，以二维码链接的形式展现，随扫随学，帮助读者直观深入地理解所学的知识内容。书中引用了企业的相关案例，通俗易懂，实践应用性好，对读者有很好的启发和引导作用。

本书内容全面、深入浅出、易于理解，对5S的准备与推行过程、具体实施方法、实施步骤与注意事项等进行了详细的阐述，可供企业5S活动的推行责任人、5S推行委员会成员、相关部门负责人、5S培训师及所有对5S感兴趣的读者作为实操手册或培训教材使用。

本书在编写的过程中，通过互联网搜集了相关资料，参考和借鉴了一些管理专家的著作和部分企业的相关案例，主要参考文献列于书后，谨向其作者表示衷心的感谢。同时，也真诚地对给予我们支持和帮助的各位专家、老师及编辑表示衷心的感谢！

本书由陕西工业职业技术学院机械工程学院任雪娇、张景钰担任主编。参加本书编写的人员有：任雪娇（项目一~项目五）、张景钰（项目六、项目七）、王嘉明（项目八）、赵君（项目九）。王小爱负责整体规划，鲁涛负责搜集相关资料。

由于编者水平有限，书中难免会有疏漏之处，敬请专家、读者批评指正。

编　者

目 录

基 础 篇

5S管理认知

一、项目目标

1. 知识目标

1）认识 5S 活动的内容、5 个 "S" 之间的关系以及 5S 的适用范围。

2）了解 5S 的起源。

3）掌握推行 5S 的目的及作用。

2. 能力目标

1）能正确划分 5 个 "S"。

2）能够在推行 5S 的过程中处理好 5 个 "S" 之间的关系。

3. 素养目标

1）培养高瞻远瞩、以身作则、坚持不懈的品质。

2）培养爱国情怀，坚定文化自信。

3）培养团队精神与职业素养。

二、项目引入

请将图 1-1、图 1-2、图 1-3 中的数字按照 1~50 的顺序依次寻找出来。

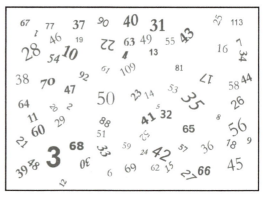

图 1-1　按顺序寻找数字（一）

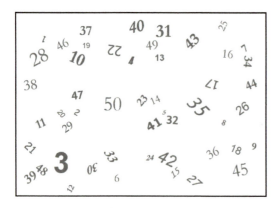

图 1-2　按顺序寻找数字（二）

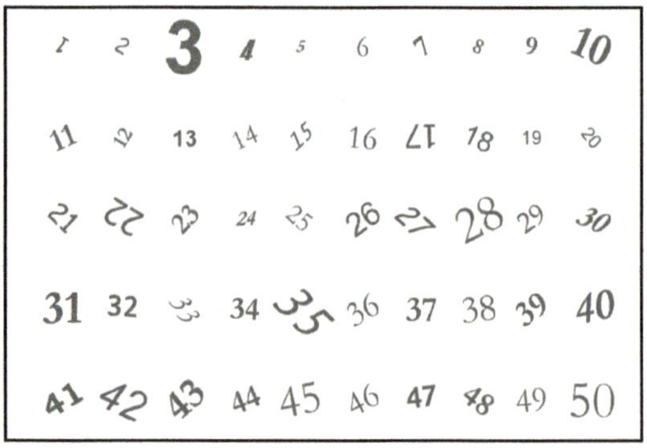

图 1-3　按顺序寻找数字（三）

找数字的游戏蕴含了5S管理的过程：图1-1与图1-2对比，图1-2去除了多余的数字，相当于5S中的整理；与图1-2相比，图1-3对数字进行了排序定位，相当于5S中的整顿。

三、重点和难点分析

1. 重点

5S活动的内容。

2. 难点

推行5S的目的与作用。

四、相关知识链接

1. 5S活动的内容

微课 1-1
5S 的含义

5S活动包括整理（Seiri）、整顿（Seiton）、清扫（Seiso）、清洁（Seiketsu）和素养（Shitsuke），由于这5个日文单词英译的首字母都是S，因此简称5S。5S的含义见表1-1。

表 1-1 5S 的含义

5S	一般解释	改善对象	实施口诀	实施目的
整理（Seiri）	清除	空间	要与不要，一留一清	节约空间
整顿（Seiton）	规范	时间	科学布局，清晰标识	节约时间
清扫（Seiso）	清理	环境和设备	美化环境，清除垃圾	保持工作现场内干净明亮
清洁（Seiketsu）	标准化	标准和制度	制定制度，贯彻到底	通过制度化维持成果，并显现异常的所在
素养（Shitsuke）	修养	行为和习惯	养成习惯，主动改善	形成自觉按5S要求做事的行为习惯

（1）整理　指将生产现场中的任何物品区分为必要物品和不必要物品，要用的物品留下来，不用的物品清理掉，其改善的对象是空间。典型例子：倒掉垃圾，将长期不用的东西放入仓库，最终的目的就是节约空间，打造清爽的生产现场。

（2）整顿　指将工作场所内需要的物品按照规定位置定量摆放整齐，并进行明确标示，其改善的对象是时间，实施标准是30s内可以找到需要的东西，最终的目的就是使生产现场一目了然，大大节约寻找物品的时间。

（3）清扫　指清除工作场所内的脏污，并防止脏污的发生，使工作场所保持干净，其改善的对象是环境和设备，最终目的就是通过定期清扫，保持工作现场内干净明亮。

（4）清洁　指对前三项活动的坚持与深入，使现场保持最佳状态，其改善的对象是标准和制度，将前3个S实施的做法制度化、规范化，最终目的就是通过制度化维持成果，并显现异常的所在。

（5）素养　指严格遵守企业推行的5S制度，并养成良好的习惯，其改善的对象是行为和习惯，最终目的就是通过前4S的实施，形成自觉按5S要求做事的行为习惯。

素养是5S活动的核心，没有人员素养的提高，各项活动就不能顺利开展。

◇ **启示角**	
在企业竞争日趋激烈的年代，硬件固然很重要，如要有先进的设备、技术等，但是这些都不是决定因素，起决定作用的是软件，是企业的员工，是他们的素质，这也代表了企业的素质。	 **案例 1-1** **习惯改变命运**

2. 5个"S"之间的关系

5个"S"之间并非各自独立、互不相关的，它们之间彼此关联，循序渐进，缺一不可。整理是整顿的基础，整顿又是整理的巩固；清扫显现整理、整顿的效果；清洁则是对整理、整顿、清扫工作的规范化和制度化管理；素养要求员工培养自律精神，形成坚持推行5S活动的良好习惯，最终使企业形成一个整体改善的氛围。5个"S"之间的关系如图1-4所示。

图1-4 5个"S"之间的关系

3. 5S的适用范围

5S活动的主要实施对象可以是人员、机器、材料、方法、环境、公共事务、供水、供电、道路交通、社会道德、人员思想意识。

5S活动可以适用于各企事业单位的办公室、车间、仓库、宿舍、公共场所以及纸质文档、电子文档、网络等的管理。

4. 5S认识误区

集思广益：您觉得5S是什么呢？您认同下述说法吗？

微课 1-2
5S认识
误区

（1）"5S我们早就做过了" 5S并非阶段性的项目，不是做一次就可以一劳永逸了，它是一件持久的事情，所以不存在"5S已经做过"这种说法。很多企业曾经做过5S，但是却没有坚持下去，或者是短期内没有做出效果就放弃了，究其根本在于对5S认识不足甚至有误。要知道：5S管理是一项需要长期坚持的工作，它只有起点，没有终点。

（2）"5S就是把现场打扫干净" 很多人认为5S无非就是一种为改变企业形象而开展的大扫除活动。实际上，将生产现场打扫干净只是5S的一部分，在实行5S的过程中，更重要的是通过持续不断的打扫和改善活动，使员工保持良好的工作习惯，从而逐渐提高员工的个人素养，养成良好的习惯。

（3）"5S是一部分人的专职工作，其他人不需要参与" 一人拾柴火不旺，众人拾柴火焰高。5S强调的是全员参与，不仅是企业的生产部门，一些非生产部门也要参与其中，管理层尤其要以身作则。《论语》有言："其身正，不令而行；其身不正，虽令不从。"（释义：自身正了，即使不发布命令，老百姓也会去干；自身不正，即使发布命令，老百姓也不会服从。）5S管理亦是如此，若想成为一名优秀的企业领导者，则必须身先士卒。

◇ 启示角	
高高在上的姿态不是一个优秀企业领导者应有的特质；高瞻远瞩，以身作则，身体力行，方可成为令人敬仰的企业家。	 案例 1-2 向我看齐

（4）"5S活动看不到经济效益" 事实上，5S活动对企业经济效益的贡献是一个长期持续的过程，必须长期不断地坚持下去。《荀子修身》中提到："跬步而不休，跛鳖千里；累土而不辍，丘山崇成。"（释义：半步半步地不停止，瘸脚的甲鱼也能走千里；堆土而不中断，就能堆成高高的山丘。比喻凡事贵在坚持，不半途而废，就一定能成功。）5S活动初期的效果更多地体现在现场管理水平的提升、员工意识的改变和企业形象的改善上，长此以往，5S活动必将为企业带来效益。

◇ 启示角	
做事贵在坚持，欲速则不达，过于性急图快，反而适得其反，不能达到目的。只有经过时间的累积，才能实现理想，叩开成功的大门。	 案例 1-3 欲速则不达

（5）"由于太忙而没有时间开展5S" 开展5S活动并非给员工增加负担，企业通过实行5S，生产现场环境整洁、有序，异常现象一目了然，因此便于提前发现问题，解决问题，防患于未然，反而使得工作变得轻松。

（6）"企业员工素质太差，做不好5S" 开展5S的目的之一在于提高员工素质，使员工养成良好的习惯。事在人为，不怕企业员工素质差，就怕企业裹足不前。

（7）"开展5S活动主要靠员工自觉" 其实不然，实施5S活动，不主要靠员工的自发行为，需要的是带有强制性的执行标准，并由企业管理层自上而下地推动和监督执行。

5. 5S 的起源

5S管理起源于日本。第二次世界大战结束以后，日本企业在废墟中逐渐恢复生产，原来生产飞机、大炮、枪支的日本企业转产民用产品，20世纪四五十年代，日本制造的工业品品质低劣，在欧美市场没有销路，面临被淘汰的局面。

微课 1-3
5S 的起源

为此，日本企业意识到要想占领市场，必须在产品品质上提高档次。于是，日本的质量管理专家提出了一些有助于提高产品品质的实质性做法，包括将物品摆放整齐、盘点物品、将无用的物品进行清除、对工作现场进行清扫、保持工作环境的整洁、对物品进行定置等一系列举措。

1955年，日本在生产管理上提出了"安全始于整理，终于整理整顿"，当时只推行了前两个S，即整理和整顿，其目的仅仅是为了确保作业空间和安全生产；20世纪六七十年代，丰田公司因准时生产方式和品质控制的需要又逐步提出了后3S，即清扫、清洁、素养，5S

体系逐渐完善；1986 年，世界上第一本 5S 著作问世，对整个日本生产现场管理模式起到了灯塔式的指引作用，5S 管理在日本掀起了热潮；20 世纪 90 年代，我国逐步引进 5S 管理理念与方法，5S 管理开始在我国普及；进入 21 世纪，5S 管理在制造业已得到广泛的应用，并提升到一个新的高度。

5S 的起源还有一种说法是其思想雏形起源于《弟子规》。5S 管理简单地说就是通过整理、整顿、清扫、清洁和素养五个环节，来管理现场的一种方法，强调从最基础、最平常的事情做起。而《弟子规》是清代教育家李毓秀所作的三言韵文，讲的也都是我们日常生活中的小事，小中见大，与 5S 管理在道理上是一致的。5S 与《弟子规》含义对比见表 1-2。

表 1-2　5S 与《弟子规》含义对比

5S	《弟子规》
整理：将生产现场中的任何物品区分为必要物品和不必要物品，要用的物品留下来，不用的物品清理掉	原文："亲所好，力为具。亲所恶，谨为去。" 释义：父母喜欢的东西，一定要尽力准备齐全；父母厌恶的东西，一定要小心谨慎地处理掉
整顿：将工作场所内需要的物品按照规定位置定量摆放整齐，并进行明确标示	原文："置冠服，有定位。勿乱顿，致污秽。" 释义：脱下来的帽子、衣服应放置在固定的地方，不能随便乱扔，以免把衣帽弄脏
清扫：清除工作场所内的脏污，并防止脏污的发生，使工作场所保持干净	原文："房室清，墙壁净。几案洁，笔砚正。" 释义：书房里要收拾的清爽，墙壁要保持干净，书桌要保持整洁，笔砚要放端正
清洁：对前三项活动的坚持与深入，使现场保持最佳状态	原文："居有常，业无变。" 释义：起居作息，要有规律；做事要有常规，不要任意改变
素养：严格遵守企业推行的 5S 制度，并养成良好的习惯	原文："晨必盥，兼漱口。便溺回，辄净手。" 释义：早晨一定要洗脸，同时要刷牙；无论大小便，便后都要马上洗手。 注：强调要养成良好习惯

◇　启示角

　　现代管理理念与古代的行事做人规范是相通的。生生不息的中华文明滋生了独具特色的中华传统文化，中华传统文化中的一些价值观念依然活在当下中国人乃至世界各国人民的日常生活中。抛弃传统、丢掉根本，就等于割断了自己的精神命脉。所以，要从中华传统文化中汲取智慧，坚定文化自信，建设社会主义文化强国。

现今，根据企业进一步发展的需要，5S 的内容已经得到了不同程度的扩展。

6S：5S+安全（Safety）。

7S：5S+安全（Safety）+节约（Saving）。

8S：5S+安全（Safety）+节约（Saving）+学习（Study）。

但是无论如何扩展，要把握好的一点是：5S 是精准管理之根据，其他 S 都是在其基础上的发展与延伸。

6. 推行 5S 的目的及作用

（1）推行 5S 的目的　自我诊断：企业中是否存在表 1-3 中的现象？

微课 1-4
推行 5S 的
目的及作用

表 1-3　企业常见现象、带来的影响及解决方法

现象	影响	解决方法
良品、不良品混杂,成品、半成品未区分,作业台凌乱	物品误用,降低产品质量	将物品进行分类放置
急等要的东西找不到,员工心里很烦	工作效率低下,员工情绪受到影响	将物品摆放有序
现场设备灰尘很厚	降低设备精度,缩短其使用寿命	对设备定期进行清扫
地面脏污,设备破旧,灯光灰暗	引发安全事故	保持环境清洁,更新设备
作业人员穿着不整洁,坐姿不当	员工精神懒散,缺乏一致性,影响企业形象	统一着装,规范坐姿

以上现象在当今的企业中可谓屡见不鲜。其实,通过推行 5S 便可以一并解决上述现象中存在的问题,使生产现场具有良好的工作环境、有条不紊的工作秩序、严明的工作纪律,从而提高工作效率,降低生产成本并保障企业安全生产。通常而言,推行 5S 的目的如图 1-5 所示。

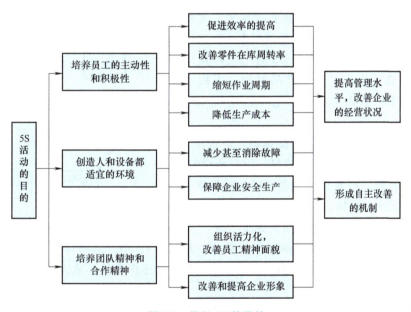

图 1-5　推行 5S 的目的

1)促进效率的提高。通过培养员工的主动性和积极性,可以使员工集中精神工作,工作兴趣增强,效率自然而然就会提高。

2)改善零件在库周转率。生产效率提高,工序间物流通畅,可以极大减少寻找所需物品的时间,有效地提高零件在库房中的周转率。

3)缩短作业周期。作业效率提高,作业周期必然缩短,从而确保交货期。

4)降低生产成本。作业效率的提高,减少了人员、设备、场所、时间等的浪费,生产成本随之降低。

5)减少甚至消除故障。优良的生产品质来源于优良的工作环境,通过创造人和设备都

适宜的环境，维持设备的高效率工作，减少甚至消除故障，提高生产品质。

6）保障企业安全生产。通过创造人和设备都适宜的环境，工作场地宽敞明亮，生产秩序有条不紊，意外事件的发生自然而然会减少，安全最终得以保障。

7）组织活力化，改善员工精神面貌。通过培养团队精神和合作精神，可以明显改善员工的精神面貌，使组织散发出一种强大的活力。

8）改善和提高企业形象。员工形象与企业形象的好坏直接影响着外界对企业的评价和态度，也将直接影响到企业的生存与发展。通过培养团队精神和合作精神，员工士气得以提升，从而认真组织生产，客户满意度增加，企业形象得以改善，知名度随之提高。

◇　启示角	
团队精神对于任何一个企业来讲都是不可缺少的。凡是成功的团队都是以共同的价值取向为基础，以深厚的情感氛围为纽带，以统一的战略目标为动力的，如此，才会产生强大的凝聚力和向心力，继而引发无穷的执行力和战斗力。	　案例 1-4　众志成城

推行5S的最终目的在于提高管理水平，改善企业的经营状况，并逐渐形成自主改善的机制。

（2）推行5S的作用　推行5S有七大作用，即亏损、不良、浪费、故障、切换产品时间、事故、投诉七个方面都为零，有人称之为"七零企业"，如图1-6所示。

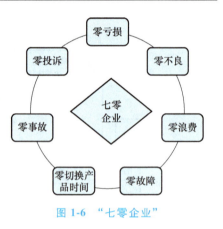

图1-6　"七零企业"

1）亏损为零。5S是最佳的推销员。通过推行5S，能够营造出令人心旷神怡的生产现场，没有所谓的不良，员工配合度非常好，即使有问题也可以及时发现。如此发展，久而久之声名远扬、有口皆碑，忠实的客户增多、企业知名度提高，企业的发展空间将更加广阔。

2）不良为零。5S是品质零缺陷的护航者。通过推行5S，能够使员工按照标准要求进行生产，维持机械设备的正常使用，营造干净、整洁的生产环境，从而使产品的质量得到保障，减少次品的发生。

3）浪费为零。5S是节约能手。通过推行5S，能够极大地提高作业效率，避免因零件及半成品、成品的库存过多而造成积压，减少不必要的浪费，从而降低产品的生产成本。

4）故障为零。5S是交货期的重要保证。通过推行5S，企业可实现无尘化，且无碎屑及脱落的油漆，经常对设备擦拭及进行维护和保养，设备的使用率和使用寿命会提高。模具、工具、夹具等管理良好，调试、寻找故障的时间减少，设备更加稳定，综合效能可以大幅度提高。每日的检查可以防患于未然。

5）切换产品时间为零。5S是高效率的前提。通过推行5S，员工可以按照企业的规章制度规范进行作业生产，机器设备正常运作，夹具、工具随时可以找到，由此可以节省时间，作业效率大幅度提升。

6）事故为零。5S是安全的保障。通过推行5S，工作场所保持宽敞、明亮，人车分流，道路通畅，车间安全自然得以保障。设备定期进行检修、清洁，可以消除安全隐患。此外，工作人员良好的工作习惯、严谨负责的工作态度，也有助于减少安全事故。

7）投诉为零。5S是标准化的推动者。通过推行5S，企业员工能够正确地执行各种规章制度，在任何岗位都能规范地作业，投诉自然会降低。

7. 5S管理实施案例

5S管理实施案例如图1-7~图1-10所示。

图1-7　形迹法

图1-8　划线法

图1-9　警戒标识

图1-10　区域线标识

五、拓展与巩固

1. 拓展知识

特效药——5S

【药名】　5S

【功效】　主治企业疑难杂症。企业易得疑难杂症，得此症的工厂到处乱七八糟、运作流程稀里糊涂，不良浪费随处可见，作业效率极其低下。

【特点】　5S易于吞服，有病治病，无病强身，绝无副作用，请安心使用。

【成分】　整理、整顿、清扫、清洁、素养。

【适用范围】　生产车间、宿舍、仓库、办公室、公共场所、人员思想意识。

【作用】 消除各种问题、隐患，强壮体魄，提高免疫力，主要作用有以下6种：

        1）让客户留下深刻的印象。

        2）可以节约成本。

        3）可以缩短交期。

        4）可以使我们的工作场所的安全系数增大。

        5）可以推进标准化的建立。

        6）可以提高全体员工的士气。

【用法】 内外兼服。

【注意】 开始服用后，请持续，切勿中途断药、否则旧病复发。

2. 巩固自测

（1）单选题

1）工作台面物料杂乱摆放需要（　　　）。

A. 整理　　　　　B. 整顿　　　　　C. 清扫　　　　　D. 清洁

2）如果同一箱内有不合格品和合格品混放在一起，则需要（　　　）。

A. 整理　　　　　B. 整顿　　　　　C. 清扫　　　　　D. 清洁

3）整理主要是排除（　　　）浪费。

A. 时间　　　　　B. 工具　　　　　C. 空间　　　　　D. 包装物

4）公司的5S应该是（　　　）。

A. 日常工作的一部分，靠大家持之以恒地做下去

B. 第一次有计划地大家做，以后靠干部做

C. 做4个月就可以了

D. 车间做就行了

5）5S的理想目标是（　　　）。

A. 人人有素养　　B. 地、物干净　　C. 工厂有制度　　D. 生产效率高

6）（　　　）是5S活动的核心。

A. 整理　　　　　B. 整顿　　　　　C. 清扫　　　　　D. 素养

（2）多选题

1）5S管理的对象是（　　　）。

A. 人　　　　　　B. 活动　　　　　C. 事　　　　　　D. 物

2）5S管理所强调的人的品质是指（　　　）。

A. 大公无私的习惯　　　　　　　B. 按照规定办事的习惯

C. 文明礼貌的习惯　　　　　　　D. 凡事认真的习惯

（3）判断题

1）5S没有先后逻辑次序，先进行哪一项都行。（　　　）

2）实施5S的过程中，可以把私人物品挂在工作台上。（　　　）

3）5S管理可以通过经常整理、清洁工作环境，使员工养成做事有责任心的习惯。
（　　　）

4）工厂脏乱没有关系，只要产品销售好就行。（　　　）

5）决定放置场所、放置方法、划线定位、进行标识，这些都属于整顿的范畴。（　　　）

6）实施5S的过程中要有决心，不必要的物品应断然地加以处置。（　　　）

7）清扫就是进行卫生大扫除。（　　　）

六、评价反馈

表1-4　个人自评表

序号	评价内容	期望目标	未达目标的改善
1	5S 活动的内容		
2	5 个"S"之间的关系		
3	5S 的适用范围		
4	5S 认识误区		
5	5S 的起源		
6	推行 5S 的目的及作用		

学习心得：

_____

_____

_____

_____

_____

_____

_____

_____

_____

_____

_____

5S管理准备

一、项目目标

1. 知识目标

1) 理解如何成立 5S 活动组织、如何确立 5S 方针及目标。

2) 学会制订 5S 活动计划并拟定文件。

3) 明确如何实施 5S 教育培训。

2. 能力目标

能够按照计划开展 5S 活动准备工作。

3. 素养目标

1) 培养未雨绸缪的意识。

2) 培养分工与协作、合理确定目标的能力。

3) 培养踏实努力的品质。

二、项目引入

请仔细阅读案例 2-1、案例 2-2 并思考：这两个案例说明了什么道理？

案例 2-1	案例 2-2

◇　**启示角**
机会是留给有准备的人的。俗话说："磨刀不误砍柴工。"现实生活中，充分的准备可以事半功倍，只需一点点准备，做事的效率就会提高一倍。当机会来临之时，只有在有充分准备的情况下，才能把握住机会，不让机会溜走。

三、重点和难点分析

1. 重点

确立 5S 方针及目标。

2. 难点

制订 5S 活动计划。

四、相关知识链接

1. 5S 管理准备工作概述

5S 管理的前期准备工作是非常重要的。准备工作做得好，在整个活动的推行过程中才能少走弯路，避免由于措施、方法未到位而影响 5S 活动的正常开展。5S 管理准备工作见表 2-1。

表 2-1　5S 管理准备工作

准备项目	目的	简要说明
成立 5S 活动组织	开展有组织	活动深入发展的动力
确立 5S 方针及目标	做事有纲领	活动的框架和努力方向
制订 5S 活动计划	实施有计划	活动成功的保证
拟定 5S 活动文件	工作有方法	明确的书面规范
实施 5S 教育培训	推行有保障	重点是改变观念

2. 成立 5S 活动组织

微课 2-1
成立 5S
活动组织

5S 活动组织主要是指推行 5S 活动的人，其与企业的组织架构是一致的。企业的最高管理者是 5S 活动的推行责任人；各职能部门的主管是本部门的推行负责人。为了加强 5S 活动的推行工作，有必要在最高管理者之下设立 5S 推行委员会，在推行委员会之下设立事务办公室，各部门指定 5S 代表参与其中。图 2-1 所示为 5S 活动组织架构，图 2-2 所示为部门 5S 推行组织架构，其中 5S 推行委员会、5S 推行事务办公室、各部门负责人以及部门行动组组长的工作很大程度上决定了 5S 活动的成功与否。

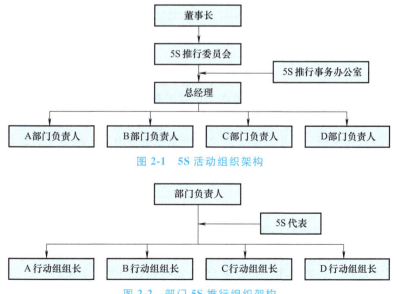

图 2-1　5S 活动组织架构

图 2-2　部门 5S 推行组织架构

（1）5S 推行委员会　其存在的主要目的是激活并持续推行 5S 活动，主要任务是对 5S 活动进行规划，实施监督、评价和指导等。为此，5S 推行委员会需定期（通常每个月）召开一次会议，讨论活动进展状况，听取各部门关于推进进展的汇报，其重点在于解决各部门在推行过程中遇到的各种困难和问题，协调各部门的活动。

（2）**5S推行事务办公室** 其主要任务是负责制订和贯彻5S活动计划，对各个部门5S活动提供指导和支持，帮助解决各个部门在活动推行过程中出现的问题。

（3）**各部门负责人及行动组组长** 在各个部门或车间，部门或车间负责人是5S活动的推动者。选举或指定一位或几位（根据部门规模而定）责任心强的骨干员工担任部门5S代表，负责实施推行部门的5S活动。5S代表可以从部门或车间负责人、主管、班组长中进行选择，也可以从积极向上的年轻员工中挑选出来。

为有效推行5S活动，5S活动组织中各个层面的人员都需要履行其应尽的职责。5S活动各级组织的职责见表2-2。

表2-2 5S活动各级组织的职责

各级组织	具体职责
5S推行委员会	制订5S推行的目标、方针 任命推行事务办公室的负责人 批准5S推行计划书和推行事务办公室的决议事项 评价活动成果
5S推行事务办公室	制订5S推行计划，并监督计划的实施 组织对员工的培训 负责对活动的宣传 制定推行办法和奖惩措施 主导全企业5S活动的开展
各部门负责人	负责本部门5S活动的开展，制定本部门5S活动规范 负责本部门的人员教育和对活动的宣传 设定部门内的改善主题，并组织改善活动的实施 指定本部门的5S行动组组长
行动组组长	协助部门负责人对本部门5S活动进行推行 作为联络员，在推行时与所在部门之间进行信息沟通

◇ **启示角**

5S活动各级组织分工明确，互相协作，可有效推行5S活动的实施。很多工作是一个人没有办法完成的，即使完成了也不能有很好的效果。社会上的事物都存在着分工与协作，无论是各级政府组织、大小企业、还是每个家庭都要有各自的分工，而且必须分工明确，否则会杂乱无章。有了分工协作，才会体现整体效能，提高办事效率，甚至创造奇迹。

3. 确立5S方针及目标

5S方针及目标是5S活动的指导性文件。5S方针是企业推行5S活动的管理核心，能充分发挥5S活动的特点和优点；5S目标是企业推行5S活动的动力，也是衡量5S活动成功与否的标准，能促使5S活动按照计划要求实施。

（1）**5S方针** 5S方针的制定必须依据企业特色，切实可行。具体要求如下：

1）与企业宗旨相适应。不同的企业由于类型不同，其经营宗旨也不相同，所以5S方

微课2-2
确立5S方针及目标

针也应有所不同。比如像餐饮业，肯定是将清洁、卫生放在首位，而快递公司则是将快捷、高效放在首位。

集思广益：请大家辨别以下两条方针哪一条属于生产型企业，哪一条属于服务型企业。

方针1：规范操作，改善现场，保养设备，安全生产，提高素养。

方针2：规范现场作业和现场物料布置，改善环境，安全卫生，提高企业管理水平。

2）抓住要点。通过具体的方针向全体员工说明推行5S的意义和最终目标，传达管理层的信心、决心和期望。但是注意要尽量使用简明、易懂的语言来表达。

3）5S方针是5S目标订立的框架和基础。5S方针指出了企业总的宗旨和方向，而5S目标则是对企业总的宗旨和方向的具体落实。所以，5S方针应切实可行，不能空洞和不切实际。

4）全员理解。为使5S方针最终得以实现，应做好宣传贯彻工作，使其在企业内部得到充分沟通和理解。

5）及时评审和修订。5S方针并非一成不变的，而是需要进行持续适宜性方面的评审，必要时予以修订，以适应不断变化的内、外部条件和环境。

5S方针：

- 彻底执行5S，品质都在掌握中。
- 人人做好5S，企业体质一级棒。
- 塑造明朗、清爽、整洁的工作现场，从5S开始。
- 时时整理、天天整顿、清扫成习惯、清洁成制度、素养成品格。

（2）5S目标　5S目标是5S活动推行的努力方向及推行成果的参照，应符合"五性原则"，即相关性、先进性、可实现性、可测量性以及时限性。

1）相关性原则。制定5S目标时，应切实地使其与企业的产品、活动、职责、资源等情况相关，为提高公司整体水平的目标服务。同时，要同企业的具体情况相结合。例如，企业场地紧张，但现场摆放凌乱，空间未得到有效利用，这就应该将增加可使用面积作为目标之一。需要注意的是：与企业无关或关系甚小的目标内容应坚决予以剔除。

2）先进性原则。先进性即挑战性，既然是目标，就应该是尚未实现的，不付出努力是达不到的，如此才能激发员工的改善意识和拼搏精神，从而为实现自己和组织的目标而努力。

3）可实现性原则。先进性并非目标定得越高越好，过高易挫伤员工的积极性和信心。不能激发员工积极性的目标毫无意义，但是努力而不可及的目标也是毫无意义的，所以，目标一定要具备可实现性。

◇　**启示角**

目标在确立的时候既要有挑战性，又要有可实现性。言外之意，做人既不能自卑自馁、丧失自我，也不能好高骛远、妄自尊大。古人说："知人者智也，自知者明也。"意思是能够透彻了解别人思想行为的人是聪慧的，能够正确认识自身的长短优劣的人最为明智。所以，要对自己有个客观的认识，清醒地评估自己的实力，认清自己的位置，然后踏实地去做事，才会获得长久的成功。

4）可测量性原则。不能制定出定量目标，也应制定出定性目标，从而使这些目标是可被监视的、可被测量的、可被考核的或能被控制的。

5）时限性原则。目标要有一定的时限性。决定由谁做、做到什么程度，还必须明确在什么时候完成，如此才会给实施者一定的压力，从而保证整体进度。有时限要求的目标对评价考核也有所帮助。

> **5S 目标：**
>
> - 创造干净舒适的工作环境。
> - 提高工作效率。
> - 获得客户的满意。
> - 门类清楚、区隔整齐、标识分明、洁净安全。

对于 5S 目标，不同行业还可以考虑为自身设立一些阶段性的目标，脚踏实地地实现这些目标，从而最终达到企业的整体目标。对于生产型企业而言，其阶段性目标大致可以分为三个部分，如图 2-3 所示。

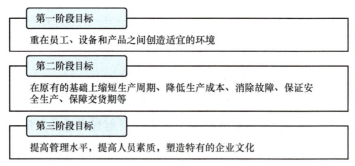

图 2-3　生产型企业三个阶段的目标

4. 制订 5S 活动计划

计划是在各式各样的预测基础上制订的，并不是所有的事情都会按照计划发展，但是如果不制订计划，所有的事情都可能会杂乱无章。所谓计划，就是预先决定 5W1H，即 5W1H 分析法，它还有一个名字叫作六何分析法，是一种思考方法，也可以说是一种创造技法。目前，该方法在企业管理、日常工作生活和学习中都已经得到了广泛的应用。5W1H 的含义是对选定的项目、工序或操作，都要从原因（Why）、对象（What）、地点（Where）、时间（When）、人员（Who）、方法（How）等六个方面提出问题并进行思考。

微课 2-3
制订 5S 活动计划并拟定文件

5S 推行事务办公室在制订 5S 活动计划时，首先需要拟定草案并评估成效，在经相关人员讨论后交给 5S 推行委员会审核并确认。5S 推行事务办公室在制订计划时，需要注意的要点如图 2-4 所示。

在 5S 活动计划完成之后，5S 推行事务办公室需要将计划公布出来，以便让所有的员工都知道实施的细节。计划一般分为长期计划和短期计划。

（1）长期计划　长期计划又称年度计划，一般分三年执行，每一年推行的项目如图 2-5 所示。

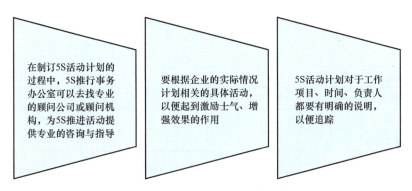

图 2-4　制订 5S 活动计划的要点

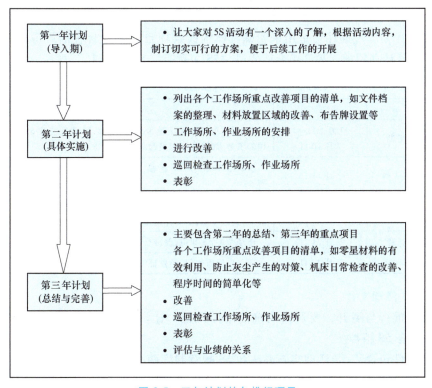

图 2-5　三年计划的年推行项目

长期计划的执行是一个循序渐进的过程，从第一年的导入期到第二年的具体实施再到第三年的总结与完善。

◇ 启示角

循序渐进是事物发展的普遍规律。在这个过程中，千万不要苛求事情能够一下子达到某个境界。正所谓"冰冻三尺，非一日之寒"，成功不是骤然降临的，而是通过一步步地踏实努力换来的。做事必须循序渐进、稳扎稳打，切忌急于求成。

表 2-3 为某公司 5S 活动长期计划。

表 2-3　××公司 5S 活动长期计划

序号	项目内容	计划												主要成果	备注
		1月	2月	3月	4月	5月	6月	7月	8月	9月	10月	11月	12月		
1	推行组织成立														
2	实施宣传教育														
3	全体大扫除														
4	整理、整顿活动														
5	列出改善项目清单														
6	改善														
7	巡回检查工作场所														
8	表彰														

（2）短期计划　短期计划是用来明确具体的改善项目和具体日程的。每个短期计划完成之后，就将该计划划掉。表 2-4 为某公司"5S 主题月"活动计划。

表 2-4　××公司"5S 主题月"活动计划

序号	活动内容	活动时间	活动形式	备注
1	5S 专题培训	7 月 1 日—7 月 10 日	各部门/车间自行开展 5S 专题培训，增进员工对 5S 知识的了解，鼓励员工积极参与 5S 活动改善	
2	千人签名活动	7 月 11 日	组织全体员工在 5S 横幅上签字，倡导全员主动自发推行 5S	
3	大家来找茬	7 月 12 日—7 月 20 日	参与人员到生产系统各部门/车间参观，找出部门/车间的 5S 实施亮点，学习并应用实施	
4	5S 知识竞赛	7 月 21 日	现场作答 5S 知识，促进员工对 5S 专业知识的掌握	
5	优秀部门评选	7 月 22 日	评选出优秀部门，颁发证书及奖金	

5. 拟定 5S 活动文件

5S 活动的推行与展开，要通过明确的书面规范，让员工了解哪些可做，哪些不可做，要怎么做才符合 5S 精神。

5S 活动文件包含了 5S 活动实施办法和 5S 规章制度两个方面。

（1）5S 活动实施办法　5S 活动实施办法的内容如图 2-6 所示。

| 活动的时间、目的 | 必需品与非必需品的区分办法 | 5S 活动评价方法 | 5S 活动奖惩方法 |

图 2-6　5S 活动实施办法的内容

（2）5S 规章制度　"没有规矩，不成方圆"。缺乏明确的规章、制度、流程，工作中就非常容易产生混乱，规矩是人类生存与活动的前提与基础，人们总是要在规与矩所成形的范围内活动。人们要遵守规矩，只有这样才能让社会、个人更好地进步与发展。

拥有完善的公司章程，这是维系一个企业正常运转的纽带。如果企业没有严格的纪律就会使公司处于松散的状态，长此以往，企业就会逐渐衰败下去。同样，5S 活动要制定相应的规章制度，为日后的工作明确方法和方向，且应公布于众。坚持做到"有章可循、有章可依、执章必严、违章必究"。表2-5为某公司5S管理制度。

表 2-5　　××公司 5S 管理制度

一、编制目的
为了提升公司整体形象和员工的自律能力,营造特有的企业文化,达到提高员工素质和修养的目的,特制定本制度。
二、适用范围
适用于本公司的5S管理。
三、具体内容
1. 5S 活动的内容
5S 包含:整理、整顿、清扫、清洁、素养。
2. 5S 活动的目的
通过积极、持久的努力,让每位员工都积极参与进来,使其养成良好的工作习惯,提高员工素养、公司整体形象和管理水平,营造特有的企业文化氛围。
3. 5S 活动成功的关键
管理者强有力的支持。
管理者经常巡查现场。
全员参与。
强有力的组织保障。
目标明确,上下齐心。
贵在坚持。
4. 5S 管理组织机构
5S 推行委员会为此次 5S 活动的领导机构,组成人员包括:公司正、副总经理及人力资源部负责人。其下设 5S 检查小组,由各部门负责人各派一名代表组成。
5. 5S 活动检查方式
自查:依照 5S 检查评分表检查本部门 5S 活动落实情况。
交叉检查:由 5S 检查小组成员进行交叉检查。
随机检查。
6. 5S 活动奖惩措施
在自查过程中查出的问题由该部门负责人安排专人立即予以纠正。
对于不主动配合或阻碍 5S 活动的员工给予警告,情节严重者给予 100 元以上的罚款,经公司总经理批示后,报公司人力资源部执行。
公司根据 5S 检查标准进行处罚,一个月内第一次违纪按照标准进行罚款,同样错误再犯者按照标准加倍处罚。
以上检查项目中没有涉及的其他违纪行为,5S 推行委员会将视情节轻重进行处理。

6. 实施 5S 教育培训

微课 2-4
实施 5S
教育培训

企业一定要让各级管理人员和全体员工了解为何要推行 5S 活动以及如何去做。同时，管理者还应告知员工开展 5S 活动的必要性和好处，以便激发大家参与的积极性和投入热情的程度。为此，行之有效的方法就是进行教育培训。

通过 5S 教育培训，可以使员工了解 5S 的定义及实施要领，从而为 5S 工作的顺利开展做好充分的准备。

（1）培训对象及内容　培训对象分为骨干人员和一般员工。

1）培训骨干人员。为彻底开展并持续推行 5S 活动，企业需要由骨干人员组成的推行组织对其进行指导，制订活动方案，制定各种标准和规定，并通过一些评比、竞赛来为活动制造高潮，以激发员工的参与热情。5S 活动开始发起时往往不是人人都能理解，都能有所认识，但如果有几个或者一批骨干员工具有较好的 5S 知识，这对活动的推行将会是非常有利的。

所谓骨干人员，主要是指那些对5S的基本知识和推行要领有较好认识的员工，企业需要有意识地培养一批这样的骨干人员。

2）培训一般员工。对一般员工也要实施必要的5S培训，其主要目的就是让员工正确认识5S。5S教育培训的内容如图2-7所示。

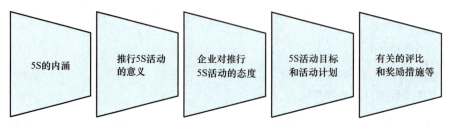

图 2-7　5S 教育培训的内容

此外，培训的内容要有实操性，案例要多，通过具体的案例进行讲解，员工听起来亲切，用起来容易。

（2）培训方法

1）培训方法按授课形式不同，可分为课堂培训和现场培训。

课堂培训即组织员工在教室里进行集中培训，通过对5S一些理论知识的讲解和案例分析，使员工有一个基本的理性认识。

现场培训则是让员工回到自己的工作现场，在培训师的指导下，对工作环境进行一些改善，加深对5S理论知识的了解和运用，掌握5S的应用方法和技巧。

2）培训方法按师资来源不同，又分为自行培训和外部培训。

自行培训指的是企业自身员工组织的培训，一般培训师由本企业员工担任，这些培训师通常在企业实施活动之前已经参加过相关专业培训和现场观摩，然后对员工实施培训，或请一个懂5S的人到本企业任职，组织5S活动的推进。

外部培训则是指聘请外部培训师到企业进行培训，比较专业，效果较好，但花费较高。

要注意的是：无论采用哪种培训方法，培训现场都要签到。表 2-6 为某公司 5S 教育培训签到记录。

表 2-6　××公司 5S 教育培训签到记录

培训日期	2021.11.5	培训时间	8:00—11:30
培训地点	生产车间	培训主题	5S 管理的推行
培训课程	生产现场 5S 管理	培训专家	赵××
序号	培训人员	工号	签名
1	李××	0079	
2	王××	0080	
3	张××	0081	
4	郑××	0082	
5	吴××	0083	

（3）培训计划　与其他任何培训活动一样，5S 培训也应该制订培训计划。可依据实际

情况编制年度、月度或临时项目计划，同时一定要根据管理人员、作业员、新员工等的不同情况"量身定做"。表2-7为某公司5S教育培训计划。

表 2-7　××公司 5S 教育培训计划

一、培训目的

1. 加强公司全体人员对5S的认识和了解,掌握生产现场5S管理的要点

2. 确保推行小组掌握5S全面推行的步骤、方法及要点,做到有效地推行

二、培训安排

培训内容、培训目标、培训对象、培训专家、培训时间的安排如下所示

培训内容	培训目标	培训对象	培训专家	培训时间
5S 的含义	公司 90% 以上的员工考核合格	公司全体员工	张××	2021 年 11 月 5 日— 11 月 8 日
5S 的起源				
推行 5S 的目的与作用				
5S 方针及目标				
生产现场 5S 管理的要点				
建立 5S 样板区	推行小组全员掌握内容并能正确实施	推行小组	刘××	2021 年 11 月 9 日— 11 月 14 日
5S 全面推行的步骤、要领			郭××	
5S 全面推行的要点				
检查要点	推行小组全员掌握内容并能正确实施	推行小组	苏××	2021 年 11 月 15 日— 11 月 20 日
评比与考核要点				
成果发布及其运用				

三、培训方式

课堂培训与现场培训相结合

四、考核方式

书面考核与现场考核并用

（4）培训后的考核与检查　培训结束后为了检验员工对5S知识的了解程度，是否真正掌握了5S在工作中的运用，应对员工进行考核。考核分为现场考核和书面考核，也可并用。针对考核结果进行奖优罚劣。优秀员工颁发证书，通报表扬；不及格者应补考至合格为止。

（5）总结经验　5S开始初期，必然会增加各个方面人员的工作量，然而人都是有惰性的，作为企业管理者必须进行思想上的引导，把他们抵触的心理消除掉，各种措施才能得到有效的执行，所以实施5S教育培训是非常重要的一环。培训结束后，要注意总结经验，及时完善培训教材、优化教学方式，为下一次的培训做好准备。

五、拓展与巩固

1. 拓展知识

5W1H 法

（1）定义　5W1H法，又称六何分析法，是一种思考方法，也可以说是一种创造技法。

所谓5W所指如下：

Where：何处，在什么地方，空间；

When：何时，在什么时候，时间；

What：何者，是什么东西/事，对象；

Who：何人，是什么人做，主体；

Why：为何，为什么如此。

因为这5个英文词的首字母均为"W"，所以称为"5W"。

而1H是指How：如何，用什么方法。

5W1H法可以使原本笼统而抽象的问题，更加具有系统性即循序渐进的逻辑性，进而提高个人在问题解决方面的能力。

（2）原则　根据5W1H法所找到的问题，可以依照四个主要的方向去探讨可能改善的途径，但是改善时心中必须抱着"目前的方式绝非仅有的并且不是最好的，一定还有更好的方式"的态度，只有这样才能不断地改进，以获得更高的竞争力。

四个主要的方向为：

剔除：许多操作可能是不必要的，只是延续着使用而没有察觉，此时，剔除是最好的方向。

合并：将两种以上的动作尝试结合在一起称为合并，两个操作合并可以省掉搬运、检验、存放等动作。如果两个操作不易合并时，应尽可能将搬运合并在操作中。

重排：评估改变次序、地点及人员的可能性，这些改变可能引发剔除和合并的灵感。

简化：在剔除、合并及变更操作等检讨后，研究"如何做"来达到简化的目的。

2. 巩固自测

（1）单选题

1）（　　）的任务是对整个5S活动进行规划，实施监督、评价和指导等。

A. 5S推行委员会　　B. 5S推行事务办公室　　C. 各部门负责人　　　D. 各行动组组长

2）（　　）的任务是负责制订和贯彻5S活动计划，对各个部门的5S活动提供指导和支持，帮助解决各个部门在活动推行过程中出现的问题。

A. 5S推行委员会　　B. 5S推行事务办公室　　C. 各部门负责人　　　D. 各行动组组长

3）以下哪项属于5S方针应满足的要求？（　　　　）

A. 与企业宗旨相适应　　　　　　　　B. 抓住要点、全员理解

C. 及时评审和修订　　　　　　　　　D. 以上都是

4）以下哪项属于5S目标应满足的要求？（　　　　）

A. 相关性原则　　　B. 先进性原则　　　　C. 时间性原则　　　　D. 以上都是

5）5S活动是一项（　　）的工作。

A. 暂时性　　　　　B. 流行性　　　　　　C. 持久性　　　　　　D. 时尚性

6）公司什么地方需要实行5S？（　　　　）

A. 工作现场　　　　B. 办公室　　　　　　C. 全公司的每个地方　D. 仓库

（2）判断题

1）5S方针作为企业建立5S体系目标的框架和基础，一旦制定，就不再进行修改。
（　　　　）

2）5S目标应该是尚未实现的、不付出努力是达不到的，所以5S目标定得越高越好。（　　）

3）5S目标应该是可被监视的、可被测量的、可被考核的或能被控制的。（　　）

4）计划是在各式各样的预测基础上制订的，所有的事情都会按照计划发展，所以一定要提前制订5S活动计划。（　　）

5）为了检验员工对5S知识的了解程度，应对培训后的员工进行考核。（　　）

6）5S规章制度制定出来后，应及时向全体人员予以公布。（　　）

7）制定5S目标时，与企业无关或关系甚小的目标内容可适当予以保留。（　　）

8）不同的企业由于类型不同，其经营宗旨也不相同，所以5S方针在制定的时候也应有所不同。（　　）

六、评价反馈

表 2-8　个人自评表

序号	评价内容	期望目标	未达目标的改善
1	成立 5S 活动组织		
2	确立 5S 方针及目标		
3	制订 5S 活动计划		
4	拟定 5S 活动文件		
5	实施 5S 教育培训		

学习心得：

_____

_____

_____

_____

_____

_____

5S管理推行

一、项目目标

1. 知识目标

1）了解如何在 5S 活动前宣传造势。

2）明确如何建立 5S 样板区。

3）理解如何全面推进 5S 活动。

4）学会开展 5S 评比与考核的方法。

2. 能力目标

1）能够将 5S 活动宣传应用于日常工作中。

2）具备建立 5S 样板区活动策划的能力。

3. 素养目标

1）培养树立标杆的意识。

2）培养认识沟通的重要性。

3）培养不惧犯错、善于整改的优良品质。

二、项目引入

请思考：假设 5S 活动推行组织已经建立，方针、目标、计划等相关准备工作也逐步到位了，那如何让员工更好地了解 5S 活动的内容并积极参与到其中呢？如何在公司上下掀起 5S 管理的热潮呢？

三、重点和难点分析

1. 重点

建立 5S 样板区。

2. 难点

建立 5S 样板区。

四、相关知识链接

1. 5S 活动前宣传造势

5S 管理实际上是为了营造一种追求卓越的文化，创造一个良好的工作氛围。因此，适当的宣传造势活动是必不可少的。

集思广益：大家能想到哪些宣传造势的方法呢？

微课 3-1
5S 活动前
宣传造势

（1）**征集活动口号**　企业可以自制或外购一些 5S 宣传画、标语等张贴在工作现场，如此不仅能使工作环境增强活力，烘托现场活动的气氛，而且能让员工对 5S 概念有感官认识，起到潜移默化的作用。除此以外，企业还可以通过在内部开展有奖征集口号活动，促进员工对 5S 活动的参与。

5S 活动口号：
● 整理整顿天天做，清扫清洁时时行。 ● 全员投入齐参加，自然远离脏乱差。 ● 5S 效果很全面，持之以恒是关键。 ● 清扫清洁大家做，亮丽环境真不错。

（2）**利用内部刊物宣传**　企业通常都有内部刊物，可以利用它对 5S 活动进行宣传。如介绍 5S 知识、介绍 5S 活动实施规范、通报各部门 5S 活动的进展情况等。企业内部刊物的影响力一般较大，如果利用得当，可以对 5S 活动起到很好的推动作用。

（3）**制作宣传板报**　企业还可以通过制作 5S 板报来宣传 5S 知识。如展示 5S 活动成果、发表 5S 征文、提出存在的问题等。板报的内容丰富多彩，是一种有效的宣传工具。

1）制作板报的目的。板报是提高员工认识、增进员工对 5S 活动理解的有效工具。制作板报的主要目的是营造浓厚的 5S 活动氛围，使活动更容易获得企业全体员工的理解和支持。

2）制作板报的方法。板报是展示现场管理文件的场地，各部门应该设置专门的 5S 板报。在板报的制作过程中应注意的事项如图 3-1 所示。

板报应设在员工或客户必经的场所，如通道、休息室附近	板报设置场所要求空间比较宽敞，站着就可以看到	板报制作要美观大方，让人看了有美感	应定期对板报的内容进行更新和维护，否则将失去其宣传作用

图 3-1　制作板报的注意事项

（4）**悬挂标语牌**　标语牌可以渲染活动氛围，既起到宣传作用，又起到鼓舞和推动作用。因此，企业可以制作一些精美的 5S 标语牌，张贴在工作现场，以增强现场活动的气氛。

（5）**制作宣传手册**　为了让全体员工更好地了解和执行 5S 活动，企业最好能制作 5S 宣传手册，做到员工人手一本。通过宣传手册，使员工确切地掌握 5S 的定义、目的、推行要领、实施办法、评价方法等。

（6）**召开 5S 活动启动仪式**　企业可以在全公司范围内召开一个 5S 活动的启动仪式，启动仪式要求全体人员都要参加，要搞得很隆重，领导人员基本全部到位，显得从领导开始就非常重视此项活动。

启动仪式上，企业的最高管理者需要就 5S 活动的时间、活动内容、目标效果与口号、活动范围、5S 推进小组成员、活动工作步骤以及奖罚方式等进行详细的说明和认真的部署。除此之外，还要开展 5S 宣誓、签名活动，让所有员工感受到 5S 活动的重要性。

2. 建立 5S 活动样板区

（1）建立 5S 样板区的原因　自我诊断：企业在 5S 活动导入的过程中是否存在图 3-2 所示的现象？

| 现象一 |
| 公司各级管理人员对5S的目的、效果、开展的方法等管理不足或认识不统一，不能充分发挥领导作用 |

| 现象二 |
| 企业规模大，车间、分厂散布在不同地点，不同部门很难在一起开展活动，或部门间在具体活动的安排上不能协调一致 |

| 现象三 |
| 过去企业曾开展过5S活动，但效果不大而停滞，或员工对重新开始这项活动有抵触情绪或持怀疑态度 |

| 现象四 |
| 全面开展5S活动3个月以上还没有实质性进展，活动不能被有效激活 |

微课 3-2
建立 5S
样板区

图 3-2　导入 5S 活动过程中常见现象

出现以上情况时，就需要建立 5S 活动样板区，即指定一个车间或一个区域作为样板区，通过快速活动所取得的成果来告诉各级管理人员和员工，只要有决心和信心，5S 是能够成功的，同时通过样板区的改变带动整个企业的改变。

◇　**启示角**

5S 活动样板区相当于先给 5S 活动树立一个标杆。通过建立样板区，可以让员工知道后续的 5S 活动要照着样板区的标准去做，甚至通过创新，要超过样板区。树立标杆对于整个活动的开展是非常重要的。标杆是大多数人认可和遵从的做人做事的基本准则，没有标杆的对照，就没有衡量对与错、好与坏的尺度，也不知道什么事情该做，什么事情不该做，最终的结果无非就是四处碰壁甚至误入歧途。

（2）开展 5S 活动样板区的程序　建立样板区的首要任务就是设法快速地展现 5S 成果，给领导和员工必胜的信心。既然要求快速，所以设计 5S 活动样板区的时候，就应该考虑将活动步骤进行整合或简化，使其达到快速见效的目的。

可将 5S 活动样板区的主要程序归纳为图 3-3 所示的几个步骤。

企业一旦决定设立 5S 活动样板区，就要全力以赴，争取在短期内取得成效，否则整个活动计划都将受到影响。5S 活动样板区改善前后对比如图 3-4 所示。

（3）5S 活动样板区的选择原则　设立 5S 活动样板区的目的就是要在企业内部找到一个突破口，为全体员工创造一个可以借鉴的样板。为了达到这样的目的，在选择 5S 活动样板区的时候，应注意图 3-5 所示的要点。

1）选择硬件条件差、改善难度大的车间或部门作为样板区。如果选择一个硬件条件好的车间或部门，短期的 5S 活动很难创造出令人信服的效果，也很难具有视觉冲击力。只有让一些长期脏、乱、差的地方得到彻底的改变，才会具备说服力，从而使其真正发挥出样板区的作用。

2）选择具有代表性的车间或部门作为样板区。企业在选择 5S 活动样板区时，应考虑所选择的样板区是否具有一定的代表性，现场中存在的问题是否具有普遍性。只有选择这样

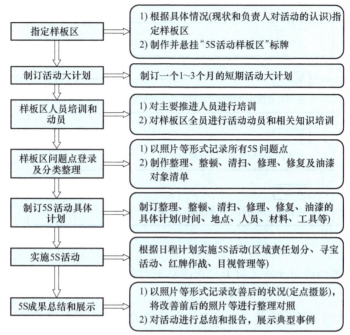

指定样板区	1) 根据具体情况(现状和负责人对活动的认识)指定样板区 2) 制作并悬挂"5S活动样板区"标牌
制订活动大计划	制订一个1~3个月的短期活动大计划
样板区人员培训和动员	1) 对主要推进人员进行培训 2) 对样板区全员进行活动动员和相关知识培训
样板区问题点登录及分类整理	1) 以照片等形式记录所有5S问题点 2) 制作整理、整顿、清扫、修理、修复及油漆对象清单
制订5S活动具体计划	制订整理、整顿、清扫、修理、修复、油漆的具体计划(时间、地点、人员、材料、工具等)
实施5S活动	根据日程计划实施5S活动(区域责任划分、寻宝活动、红牌作战、目视管理等)
5S成果总结和展示	1) 以照片等形式记录改善后的状况(定点摄影),将改善前后的照片等进行整理对照 2) 对活动进行总结和报告,展示典型事例

图 3-3　5S活动样板区的主要程序

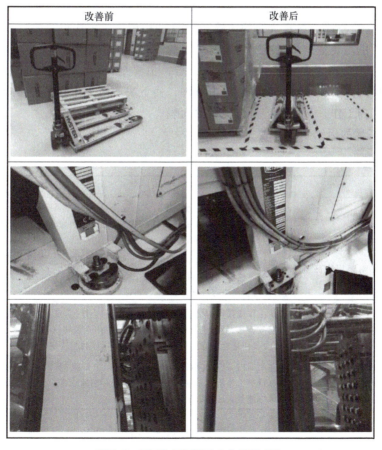

改善前	改善后

图 3-4　5S活动样板区改善前后对比

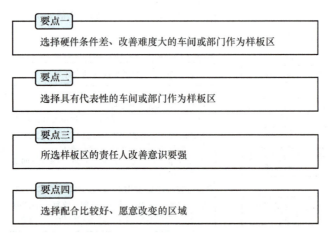

图 3-5　5S 活动样板区的选择原则

的车间或部门，改善的效果才有说服力，才能被大多数人认可和接受，且能给其他部门提供示范和参考作用。

3）所选样板区的责任人改善意识要强。变革的关键是人。如果人的改善意识不强，再好的愿望都将会落空。所以要想样板区的 5S 活动在短期内见效，选择改善意识比较强的负责人尤为重要。

4）选择配合比较好、愿意改变的区域。5S 活动样板区想要取得成效，不仅需要改善意识强的负责人，也需要整个车间或部门所有员工的配合。

（4）样板区的活动重点　样板区的活动重点，主要是针对整理、整顿和清扫这三个方面来开展的，员工需要在短时间内进行突击整理，痛下决心对无用物品进行处理，然后进行快速地整顿和清扫工作，从而改善工作现场的面貌。

5S 活动样板区的活动重点见表 3-1。

表 3-1　5S 活动样板区的活动重点

序号	活动名称	具体内容
1	在短期内突击进行整理	采取长期分阶段进行整理的方法是不明智的，特别是在样板区活动中，有必要在一个较短的时间内对整个车间的物品进行一次大盘点，严格分出有用的和无用的，为将这些废弃的物品一扫而光做准备
2	下狠心对无用物品进行处理	在样板区活动过程中，或许还没制定好废弃的标准，遇到不好处理的情况，一种办法是将这些无用物品集中放置，现场开会确定解决办法；二是将物品搬离样板区，等待物品废弃标准出台
3	快速地整顿	从工作或操作的便利性、使用的频率、安全性、美观等方面决定物品的放置场所及摆放方法，最后进行标示。标识尽量采用全公司统一的方法、文字、颜色等。但是，为了快速地做好样板区的整顿工作，可以独自决定
4	彻底地清扫	在短期内，发动样板区全体员工进行集中扫除。扫除之后，还要对那些难点问题进行突击整治并采取对策。针对普遍存在的现场设施陈旧和老化等问题，开展油漆作战是快速见效的好办法

（5）样板区活动效果确认及总结报告　要使样板区的活动成果能够成为全企业 5S 活动的方向标，为全企业的 5S 活动服务，企业应该力求做好以下几个方面的工作。

1）活动成果的报告和展示。首先要对样板区的活动成果进行系统的总结，总结的内容通常包括活动计划的执行情况、员工的培训效果、活动过程、员工参与活动的情况、活动成果和改善事例等。有条件的话，可以将这些内容制成板报集中展示出来，让全体员工了解样板区的5S活动。

除此之外，还可以通过说明会、报告会和内部刊物等多种形式进行广泛的宣传。

2）组织样板区参观活动。其主要目的是为了让公司内更多的人了解样板区的改善成果。当然，该活动也是公司领导表明对样板区活动成果的认同和对5S活动支持的好机会。要使参观活动有成效，就要做好以下相关准备工作：

- 准备好参观的地点和需要进行重点介绍的事项，在现场对改善事例进行展示。
- 指定对改善事例做解说的员工（通常是改善者本人），并按要求做好解说准备。
- 参观人员分组时，注意在每一个小组内安排企业高层参与。

3）高层领导的肯定和关注。开展样板区活动的目的就是要通过局部的改善带动活动的全面开展，起到以点带面的作用。为了使样板区的改善成果有号召力，企业高层对改善成果的认同是很关键的。企业领导应该对成果表示关注和肯定，积极参与示范车间的参观活动，在各种场合表达对改善成果的赞许。

微课 3-3
全面推进
5S 活动

3. 全面推进 5S 活动

在样板区活动推行成功后，企业就应该依照样板区的工作标准、工作经验等在企业内各车间、各部门大面积地横向展开、全面推行，步骤如图3-7所示。

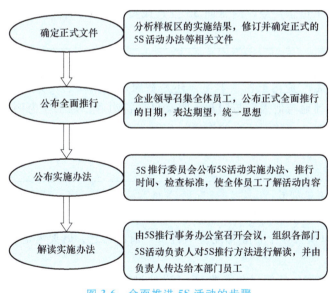

图 3-6　全面推进 5S 活动的步骤

5S推行人员在推进5S活动的过程中，要稳扎稳打，避免盲目推进，在推进过程中应注意以下要点：

（1）领导强有力的支持　领导的支持是确保5S活动成功最具效率的方法，如果领导故意推诿或勉强应付，5S活动自然是不会成功的。但是，领导的支持绝不能停留在口头上，而是要落实在行动中，具体行动如下：

1）出席5S推行委员会会议，与推行事务办公室人员一起参加5S活动的评比。

2）在公司调度会议、工作会议上不断强调5S管理的重要性，提高员工的重视程度，对好的部门给予称赞，差的部门给予批评与督促。

3）调动内部各种力量为5S活动的推行服务，如内部刊物、宣传栏、各级人员参与等。如此，各种明处的阻力将大大减小，对5S活动的推行是非常有益的。

集思广益：如果领导不理解5S活动，作为推行人员如何争取领导的支持呢？

4）认真做好5S活动计划以及5S活动的组织准备工作，以实际行动争取领导的支持。

5）充分做好事前的调查研究，着重在5S活动的利弊分析上做好准备，为领导的正确决策做出应有的分析。

6）本着实事求是的原则做好各项汇报，确保领导对5S活动的实施情况能够及时准确地掌握。

7）在得到领导认可的基础上，尽其所能把工作完成好，让领导满意以获得进一步支持。

（2）进行经常性的现场巡查　在一个企业或一个部门，导入一项新的活动或制度时，高层管理者关注的程度是这项活动能否坚持下来的决定因素。具体表达关心的重要方法之一就是经常性地在现场进行巡视，当然，巡视时要注意：

1）不要受检查表的局限，要从企业的大局出发，提出5S要求，督促现场部门改善。

2）不能只停留在指出问题的层面上，应提供必要的指导和帮助，在具体执行5S整改过程中提供必要的资源支持。

3）应适时与员工进行沟通，时常向5S推进成员打招呼，表扬那些在5S活动中做出成绩的小组和人员。

◇　**启示角**

人与人之间，无论是在工作、学习，还是在家庭生活中，沟通都是极其重要的一件事，我们要积极主动地与他人、与朋友、与父母进行沟通。以工作为例，经过多年研究证实，无论在哪一个领域，掌握适当的沟通技巧对于一个人找工作和取得事业上的成功都是至关重要的。正是因为有了沟通，才使得信息得以传递，只有透过沟通交流才能建立和维系良好的人际关系。

（3）按照标准和规范推行，特殊情况特殊对待　一般而言，样板区的经验通常会与企业其他部门有所差异。此时，要注意调整方法或调整规范、制度，但是调整时要经过5S推行委员会的确认，以便让整个企业都能统一行事。简而言之，既要考虑特殊情况，又要注意协调统一。

（4）记录推行过程　各部门在推进5S活动的过程中要进行记录，为总结经验和教训收集第一手的材料，并为完善5S活动规范提供依据。

（5）全员参与　在没有很好地开展5S活动的企业中，很多人可能会片面地认为5S活动是5S推行委员会或是管理人员的事情。其实不然，在5S活动的推行过程中，5S活动的各个阶段都必须向每个人分配明确的任务和职责，由员工亲自去落实5S职责和完成5S任务。因此，5S活动不是个别部门和领导的事情，而是一个全员参与的事情。

5S管理的内容丰富，涉及范围广，只有全体员工将此工作落实到实处，才能达到5S管理的目的。让全员参与5S活动的具体实施要点见表3-2。

表 3-2　全员参与 5S 活动的具体实施要点

活动阶段	实施要点
整理	全员一起实施整理,清除废物,创造舒适的工作环境
整顿	全员一起进行物品的安置,使区域布局、物品定位趋于合理,方便取用和归还,减少寻找时间的浪费和寻找过程中的焦虑情绪
清扫	全员要进行彻底的清扫,力求现场整洁明亮,创造无垃圾、无污染的清洁工厂或车间
清洁	全员需要时刻维护工作场所的清洁,保持其干净整洁
素养	全员都要养成良好的工作素养,创造一个良好的工作环境

通过这个过程,不仅可以创造舒适、整洁的现场环境,而且会使 5S 活动参与者的意识发生改变,并使其体会到现场改变后的成就感。

为了使全体员工都参与 5S 活动,企业可以通过开展各种各样丰富多彩的活动来激发员工的热情,调动员工参与的积极性。常见的 5S 活动如图 3-7 所示。

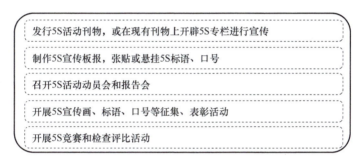

图 3-7　常见的 5S 活动

（6）实行区域负责制　将 5S 活动的要求具体落实到部门及生产现场各班组的可操作性内容上,依照在样板区中推行的制度、标准,将员工的工作规范化,将工作区域划分到个人,并让每个员工清楚地知道自己的工作内容,引导员工运用 5W1H 六何分析法来解决问题,把 5S 管理工作落到实处。

责任区域可以按照图 3-8 所示的方法进行划分。

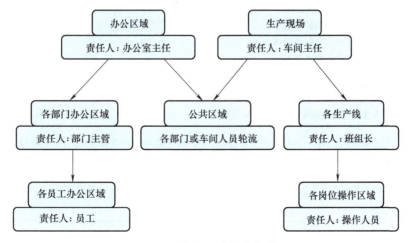

图 3-8　责任区域划分方法

如此划分,在出现问题的时候5S推行小组能够方便地找到负责人,而员工发现问题却无法解决的时候也能够找到可以"依靠"的人,层层递进,有助于执行力的提高,方便管理。

表3-3为某公司5S活动责任区域划分表。

表 3-3　××公司 5S 活动责任区域划分表

部门名称	责任区域	责任人
装配车间	成套组、户外组、二次线组	杨××
加工车间	机加组、钳工组、工具室	许××
生产部	办公室、包装组、绝缘处理组	李××
仓库	成套库、元件库、原材料库、中转库、模具库	王××
品质部	计量理化室、检验组、测试组	赵××

4. 5S评比与考核

5S评比与考核是企业为检验各部门的5S活动是否在有效地推行,以及推行的效果是否达到要求而进行的一个内部自我检查的过程。

微课 3-4
开展 5S 评
比与考核

（1）评比与考核的范围　评比与考核的范围一般以部门为单位,较大的部门也可以根据需要以部门内的一个班组或一个区域作为一次评比与考核的范围。

（2）评比与考核的准备　评比与考核的准备内容见表3-4。

表 3-4　评比与考核的准备内容

准备项目	具体内容
评分标准	分两种:一种是用于工作现场的评分标准,适用于车间、仓库等一线部门;另一种是用于科室的评分标准,适用于办公室等非生产一线的工作场所。内容一般按照整理、整顿、清扫、清洁和素养5个方面来制订 注意:绝对不能用一张表来审核所有部门,要依部门的性质制定不同的评分标准,将希望有关部门达到的目标或方向作为检核的内容,如此可以使部门能够针对企业的需求来开展工作;要考虑企业的实际情况和生产特点,力求内容全面,但是版本不能太多,便于各部门在同一个平台上进行考核与比较
评分道具	档案夹(在封面标示清楚) 标准表(放入档案夹封面内页) 记录表(夹于档案夹内) 评分员臂章 评审人员作业标准(如评分表上交时间、评分表填写方法等)
评分时间	开始时频率应较密,每日一次或每两日一次,一个月做一次汇总,并以此给予表扬和纠正
评比与考核 组成员	一般由3~5名人员组成,其中设组长一名。可以是5S事务办公室的人员、一些部门的负责人或5S代表,但是被评比与考核部门的人员不能进入评比与考核组
检查内容	根据被评比与考核部门的实际情况确定诊断时应该重点检查的事项,以便使评比与考核工作有的放矢

表3-5为某公司生产车间5S检查评分表。

表3-5 ××公司生产车间5S检查评分表

检查区域：　　　　　　　　　　　　　　　　　　5S负责人：
检查时间：　　　　　　　　　　　　　　　　　　评分人：
规则：满分100分，每发现一个问题点扣1分，情况严重者可加扣分，直到扣完为止。

项目	工作要求	分值	检查情况	得分
整理	有用物品和无用物品不混放	4		
	工作场所不留杂物、废物	4		
	常用与不常用的东西分别放置	4		
	废物及时清除	4		
整顿	有用物品分类存放，布局合理	4		
	各类设备、工具按顺序摆放整齐	4		
	场地整洁、规范、美观、统一	4		
	各种物品有明确标识，查找方便	4		
清扫	工作场所地面每天打扫干净	4		
	工作台面清理整洁	4		
	保持卫生责任区域内干净清爽	5		
	保持货架、周转箱内无杂物	5		
清洁	室内地面、墙壁光亮	5		
	设备、工具擦洗干净	5		
	卫生值日职责明确，工作内容清楚	5		
	不留卫生死角	5		
素养	谈吐文雅、举止规范、有礼貌	6		
	人员服装干净、整齐	6		
	厂牌佩戴规范、标准	6		
	工作人员按照作业指导书作业	6		
	工作时间不做与工作无关的事	6		
合计		100		

（3）评比与考核的实施　企业在进行评比与考核时，通过两个阶段进行：一是召开评比与考核会，由被评比与考核部门就5S活动的开展情况向评比与考核组进行报告；二是评比与考核组进行的现场评比与考核。

1）召开评比与考核会。召开评比与考核会是为了使评比与考核组对被评比与考核部门的5S活动开展情况有一个了解，部门负责人就本部门5S活动的推行情况进行报告。具体的报告内容如图3-9所示。

2）现场评比与考核。评比与考核会结束后即进入现场评比与考核，其进行方式主要是评比与考核组听取现场工作人员实地介绍5S活动的改善

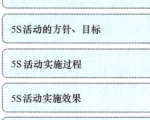

开展5S活动的目的

5S活动的方针、目标

5S活动实施过程

5S活动实施效果

今后活动开展的方向

5S活动成果总结

典型改善事例介绍

图3-9 评比与考核会报告内容

事例和改善心得，并按评分标准进行实地检查，由评比与考核组直接感受被评比与考核部门的5S活动所取得的成绩和存在的不足。

（4）评比与考核结果总结　评比与考核结果的总结一般包括评比与考核事实的记录、评比与考核报告的制作以及不合格项整改通知等内容，具体见表3-6。

表 3-6　评比与考核结果总结

项目	具体内容
评比与考核事实的记录	评比与考核组成员将从评比与考核会和现场评比与考核两个阶段中所获得的有关事实计入"5S活动评比与考核表"，并对表中所列的检查项目逐项进行符合性判断
评比与考核报告的制作	评比与考核组组长根据各个成员的"5S活动评比与考核表"填写"5S活动评比与考核结果报告表"，并连同评比与考核表一起上交5S推进办公室
不合格项整改通知	5S推进委员会对被诊断部门5S活动的工作制度和活动效果进行是否合格的判定。针对问题事项，向被评比与考核部门发出"5S活动整改措施表"。各负责人应在期限内进行有效的整改，并经验证人验证合格为止

◇　启示角

整改不可怕，只有通过不断地整改，5S活动才会做得越来越好。人只有不断的尝试和犯错，才会知道自己的局限，才有可能打破自己原有的思维模式，收获另外一个全新的自己。因此，做任何事情，胆要大心要细，既不要怕犯错误，也要总结自己偶然犯错的经验教训，说不定明天你就会获得巨大的成功。

（5）评比与考核结果的运用

1）应将检查结果公布出来。

2）按照5S检查奖惩制度的要求予以奖惩。

五、拓展与巩固

1. 拓展知识

PDCA 循环

开展5S活动，贵在坚持。

企业为了能将5S活动坚持下去，避免"一紧、二松、三垮台、四重来"的现象，在推行5S活动时，常引进PDCA循环管理方法，对5S活动的整体工作进行流程管控，从而把控进度及效果。

PDCA循环是指 P—计划（Plan），D—执行（Do），C—检查（Check），A—处理（Action）。具体任务及执行步骤见表3-7。

每推行一次PDCA循环，5S活动就会提高一步，现场就会得到进一步改善。

表 3-7　PDCA 循环的任务及执行步骤

阶段	任务	执行步骤
P 阶段	根据客户的要求和组织的方针，为提供结果建立必要的目标和过程	分析现状，找出题目
		分析题目产生的原因
		要因确认
		拟定措施，制订计划

（续）

阶段	任务	执行步骤
D阶段	根据已知的信息，设计具体的方法、方案和计划布局，再根据设计和布局，进行具体运作，实现计划中的内容	执行措施与计划
C阶段	总结执行计划的结果，分清对错，明确效果，找出问题	检查验证、评估效果
A阶段	对总结检查的结果进行处理，对成功的经验加以肯定，予以标准化；对失败的教训加以总结，引起重视；对尚未解决的问题，提交给下一个PDCA循环中去解决	标准化、固定成绩
		处理遗留题目

2. 巩固自测

（1）单选题

1）样板区的选择原则不包括（　　）。

A. 选择具有代表性的部门作为样板区　　B. 所选样板区的责任人改善意识要强

C. 选择硬件条件差的部门作为样板区　　D. 选择硬件条件好的部门作为样板区

2）5S活动是（　　）的责任。

A. 董事长　　　　B. 5S推行委员会　　C. 事务办公室　　　D. 公司全体成员

（2）多选题

1）高层管理者表达对5S关心的方法之一就是经常性地在现场进行巡视，但是要注意（　　）。

A. 把握大局，不拘泥于形式　　　　B. 及时对5S活动提供支持和指导

C. 适时地与员工进行沟通　　　　　D. 表扬那些做出成绩的小组和人员

2）5S宣传造势的方法有很多，包括（　　）。

A. 5S活动宣传口号征集　　　　　B. 利用内部刊物宣传5S

C. 制作5S宣传板报　　　　　　　D. 召开5S活动启动仪式

（3）判断题

1）开展样板区5S活动首要的任务是设法快速地展现5S成果，目的是要给领导和员工以必胜的信心。（　　）

2）召开5S活动启动仪式，只需要生产部门参加。（　　）

3）为了使样板区的改善成果有号召力，企业高层对改善成果的认同是很关键的。（　　）

4）5S管理可以提高公司形象以及有安全保障。（　　）

5）5S活动是5S委员会或管理人员的事情。（　　）

六、评价反馈

表3-8　个人自评表

序号	评价内容	期望目标	未达目标的改善
1	5S活动前宣传造势		
2	建立5S活动样板区		

（续）

序号	评价内容	期望目标	未达目标的改善
3	全面推进 5S 活动		
4	5S 评比与考核		

学习心得：

_____

_____

_____

_____

_____

_____

_____

_____

_____

_____

_____

_____

方 法 篇

项目四

5S管理方法实施

一、项目目标

1. 知识目标

1）理解什么是定点摄影法，掌握其实施步骤。

2）理解油漆作战法，学会如何实施油漆作战法。

3）理解红牌的内容，掌握红牌作战法的实施步骤。

4）掌握寻宝活动法的开展步骤。

5）理解定置管理法的内容，学会使用定置管理法。

2. 能力目标

能够在实施5S管理的过程中灵活运用各种常用的方法。

3. 素养目标

1）培养勤于反省、善于总结的意识。

2）培养树立目标并为之奋斗的意识。

3）培养冷静和坦然对待问题的态度。

4）培养保持谦逊、见贤思齐的品质。

二、项目引入

观察图4-1中的两幅图片，你知道采用的是5S管理中的哪些常用方法吗？

图4-1 生产现场图片

三、重点和难点分析

1. 重点

5S管理常用方法的含义与内容。

2. 难点

5S 管理常用方法的实施步骤、细节及要求。

四、相关知识链接

1. 定点摄影法

人们每天之所以要照镜子主要是为了看一下自己的仪表仪容是否有需要改善的地方。所谓定点摄影法是以"照照镜子，看看我们的问题和短处"的精神推进的。也就是，在部门四处"安装镜子"，将不愿意让别人看到的地方、只能给个否定评价的地方照出来，用自己的双手进行改善。当然并非真的安装镜子，而是利用照相机代替，将不好的地方拍下来，并张贴出来。

微课 4-1
定点摄影
法 1

这种自下而上的推进方式可以让人们发自内心地认识到自身的不足，并愿意做出改变。远远好于传统的自上而下高压式的推进方式，当然，现场改善效果也将更好。

◇ 启示角	
一个人用铜当镜子，可以使衣帽穿戴得端正；用历史当镜子，可以知道国家兴亡的原因；用人当镜子，可以发现自己的对错。人人都需要一面镜子，镜子可以帮助我们端正态度，不断地完善自我。	 案例 4-1 镜子的重要性

（1）含义 指从同样的位置、同样的高度、同样的方向，对同样的物体进行连续摄影，以便清晰地对比改善过程中的状况，让员工知道改善的进度和改善效果。定点摄影可运用于 5S 管理中的各个阶段，作为活动推行的一个前后对比或阶段对比。目的是将自己工作场所内（包括工作情况、工作岗位、设备、方法）不愿让其他人看到而"感到不好意思的地方"拍下来，作为揭露问题和自我反省的材料。

（2）作用 包含两个方面：一是改善前的现场照片能促使各个部门为了本部门形象与利益而采取解决措施；二是改善后的现场照片能让部门的员工获得成就感与满足感，从而形成进一步改善的动力。

（3）要求

1）要征得被拍者的同意。

2）拍照者前后要尽量站在同一位置。

3）面向同一方向和角度。

4）使用同一架相机，如果是变焦镜头，应尽量使用同一焦距。

5）要用彩色照片，因为彩色照片记录的要素更完善。

6）要注意标明日期、责任者、存在问题等信息。

（4）类型 定点摄影的类型如图 4-2 所示。

（5）实施步骤

1）开会学习。实施之前，首先要给员工普及"为什么要进行定点摄影"。例如：它可以让员工的压力变为动力，有效改善生产现场的脏、乱、差等不良状况；还可以增加员工的成就感、领导的关注度等。之所以讲述这些是为了避免员工有受害人意识。一定要注意的是：实施定点摄影的过程当中，征得全体

微课 4-2
定点摄影
法 2

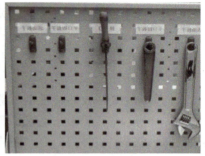

全景图　　　　　　　　　局部区域图　　　　　　　　细节近景图

图 4-2　定点摄影的类型

人员的同意是非常重要的。

2）确定拍摄对象。大家在确定对象的过程中不能瞻前顾后，不要想拍得面面俱到，要集中焦点进行拍摄。重点拍摄如不安全的地方、很脏的地方等。

3）拍摄问题点。确定拍摄的固定站立点，做上标记；并且要在对象物的中心点做上标记，集中焦点，调整焦距，将对象物拍得清晰、直观。

4）将问题点照片贴在定点摄影问题挂图上，开会讨论。在这个过程中，大家要注意：不要急于求成，想一次改善所有问题点是不现实的，这就需要相关人员一起开会讨论确定优先顺序，将问题点逐个加以解决。

5）将选定的问题点照片贴到定点摄影挂图上的第一阶段。在这个过程中，需要大家开会讨论，将讨论结果填入评论栏，写清"问题是哪里"及相应的改善对策，同时记录摄影日期、责任者的名字，计入评分。

6）确定下次拍摄日期，持续改善活动。定点摄影重视的是改善过程，其通常安排四个阶段，明确下一次拍摄日期，是促进自主自发向下一个阶段推进改善活动的要点。通过不断地拍摄-讨论-改善，最终将四个阶段的照片都贴上。

7）将定点摄影挂图贴在宣传栏上。但是注意：一定要张贴在容易看得见的地方，因为张贴出来具有重大意义，可以获得领导的认可、可以让参与人员有成就感、可以让同事们产生见贤思齐的心理、同时还可以获得客户的信任等。

8）将定点摄影挂图（表 4-1）作为改善记录保存。它可用于新员工的培训，通过展示定点摄影挂图可以让新员工很快明确其内含及实施方法，并且具有一定的说服力。

表 4-1　定点摄影挂图

区域	第一阶段	第二阶段	第三阶段	第四阶段
××区域	（问题点照片）	（问题点照片）	（问题点照片）	（问题点照片）
评分				
存在问题				
改善对策				
人员				

2. 油漆作战法

微课 4-3
油漆作战
法 1

在清扫阶段，通常的做法是搞一次彻底的清扫，把看得见和看不见的地方都清扫干净。但是，仅仅做到这一点还是不够的，还有可能会面临各种各样的问题，如各类设施破损，设备表面锈迹斑斑，地面及墙面油漆经常脱落等。此时，单纯的清扫并不能解决问题。解决这类问题最好的办法就是实施油漆作战。

（1）含义 即通过彻底清扫、修理及修复、全面油漆，以创造清新怡人的工作环境，使老旧的场所、设备、用具等恢复如新，给员工以信心。

实施油漆作战首先要做好清扫工作，然后是对机器设备等进行修理、修复，最后一步是全面涂漆。

（2）实施步骤 油漆作战法的实施步骤如图 4-3 所示。

1）油漆作战的准备和标准的制定工作。

● 决定油漆作战的对象区域、设备等，即明确作战对象。

● 对处理前的状况进行记录、照相等，即在实施油漆作战的过程

图 4-3 油漆作战法的实施步骤

中可以同时采用定点摄影法，以便改善前后形成对比。

● 标准的决定，即进行区域、通道的规划，决定不同场所所用油漆的颜色等，当然这个没有统一的标准，只要工厂内部统一即可。

● 进行工具、材料的准备，像油漆、刷子等。

● 对参与人员进行责任分工。

● 学习涂刷油漆的方法，可以根据专家指导制作油漆使用方法指导书等。

2）示范区域、示范设备的试验。在全面涂刷油漆之前，要先选定一个示范区域或示范设备，按照事先决定的标准进行试验。目的是确认计划阶段所制定的标准是否合适，试验后可以在听取多方意见的基础上对计划中所列的标准进行修改。

3）油漆作战的全面展开。该阶段根据试验阶段修改后的计划，具体安排和实施涂刷油漆活动。在全面涂漆的过程中要注意以下几点：

● 选择合适的时机，不能影响生产是前提。

● 涂刷之前要彻底清理设备、地面、墙面上的污物。

● 注意实施过程中的安全防范，如防火、搬动中的保护、接触油漆溶剂过程中的安全等。

4）总结。对整个油漆作战活动加以总结、分析和研究，肯定成绩，找出问题，得出经验教训，为后续工作提供一定的借鉴经验。

◇ **启示角**

总结是做好各项工作的重要环节，也是认识世界的重要手段。通过总结，可以使零星的、肤浅的、表面的感性认识上升到全面的、系统的、本质的理性认识，寻找出工作和事物的发展规律，从而掌握并应用这些规律。

古代曾子曰："吾日三省吾身"，意思就是我每天多次地反省自己、总结问题，得出经验教训。领导者的责任就是不断指出斗争的方向，规定斗争的任务，而且必须总结具体的经验，向群众传播这个经验，使正确的获得推广，错误的不致重犯。因此，无论做什么事情，我们都要勤于思索、善于总结。

（3）**具体做法** 以地板的油漆作战为例进行说明。

1）地板颜色的选择。地板要根据用途，利用颜色加以区分。休闲区一般选用舒适、令人放松的颜色；作业区一般运用作业方便的颜色；仓库一般选用灰色；通道要依据作业区的位置设立，弯位要尽量小。地板颜色如图 4-4 所示。

微课 4-4
油漆作
战法 2

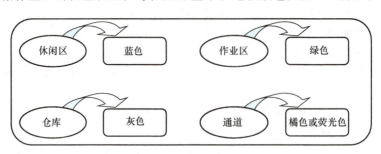

图 4-4　地板颜色

2）画线要点。决定地板的颜色后，接下来要在这些区块中画线。有以下几个要点：

- 通常使用油漆，也可以使用有色胶带或压板。
- 从通道与作业区的分界线开始画线。
- 决定右侧通行或左侧通行（最好与交通规则相同，右侧通行）。
- 出入口的线采用虚线。
- 对现场中要注意之处或危险区域可画相关标记。

3）区块画线。将通道与作业区的区块划分开的线就称为区块画线，可以用黄线或白线表示。画线要点如下：

- 画直线，宽度一般为 10 厘米。
- 要很清楚且醒目。
- 减少角落弯位。
- 转角的时候要避免直角。

4）出入口线。勾画出人能够出入部分的线称为出入口线。用黄线标示，不可踩踏。画线要点如下：

- 区块画线是实线，出入口线是虚线。
- 出入口线提示确保此场所的安全。
- 彻底从作业者的角度考虑来设计出入口线。

5）通道线。通道线在画的时候，首先要决定其靠左还是靠右，最好与交通规则相同。画线要点如下：

- 一般是黄色或白色的且有箭头。
- 在一定间隔处或角落附近画线。
- 不要忘记楼梯处，在楼梯画线时要有明确的箭头方向。

6）老虎线。老虎线是黄色与黑色相间的斜纹所组成的线，在生活当中随处可见。需画线处包括：通道的瓶颈处、脚跟处、横跨通道处、阶梯、电气感应处、起重机操作处、头上有物处、机械移动处等。画线要点如下：

- 一定要很清楚，可以采用涂刷油漆的方式或粘贴黑黄相间的老虎标记胶带。

- 通往通道的瓶颈处要彻底地修整，使之畅通。

7）置物场所线。放置物品的地方称为置物场所。标示置物场所的标线即置物场所线。要特别把半成品或作业台等当作画线对象。画线要点如下：

- 清理出半成品等的放置场所。
- 清理出作业台、台车、灭火器等的放置场所。
- 明确各区域画线的颜色、宽度和线型。

表4-2为某工厂各区域画线的颜色、宽度和线型。

表4-2　××工厂各区域画线的颜色、宽度和线型

类别	区域线		
	颜色	宽度/mm	线型
待检区	蓝色	50	实线
待判区	白色	50	实线
合格区	绿色	50	实线
不合格区、返修区		50	实线
工位器具定置点	黄色	50	实线
物料、产品临时存放区		50	虚线

生产现场画线案例如图4-5所示。

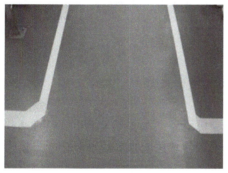

转角线

出入口线

通道线

老虎线

图4-5　生产现场画线案例

（4）意义

1）可以促进员工的广泛参与。员工能够在参与过程中体会现场变化的乐趣和变化的来之不易，强化员工的自主维护意识。

2）节约成本。因为涂刷工作是由员工自主完成的，可以大大节省开支。

3）促进员工技能和能力的提升。员工在实施油漆作战的过程中可以学到很多东西，包括对油漆的认识、涂刷油漆的窍门，同时还能提升部门间、员工间协同作战的能力。

4）可以让员工体会到旧貌换新颜的成就感，大大激发员工对改善现场工作环境的热情。

5）有利于日后保全工作的推动。油漆作战之后，员工特别是保全部门的员工已经能够熟练地掌握刷油漆的窍门，今后的生产布局调整和修理、修复工作都将变得轻而易举，而且可以大大缩短作业周期。

3. 看板管理法

（1）准时生产方式　　1953 年，日本丰田公司综合了单件生产和批量生产的特点和优点，创造了一种在多品种、小批量、混合生产条件下高质量、低消耗的生产方式，即准时生产方式（Just In Time，JIT）。

微课 4-5
看板展
示法 1

准时生产方式于 1953 年开始萌芽；20 世纪 60 年代由日本丰田公司提出；20 世纪 70 年代开始实施，20 世纪 70 年代后期在日本企业迅速得到推广；20 世纪 80 年代，作为一种先进生产管理方式在许多西方国家和亚洲国家得到重视和应用。其原则是在需要的时候，按照需要的数量，以完美的质量为客户提供需要的产品。基于该原则确定了以下四个目标：

1）只在需要时才存在库存。

2）改进质量，实现零缺陷。

3）通过减少准备时间、等候时间和批量来缩短交货时间。

4）以最小成本完成任务。

当然，以上四个目标体现了生产操作过程的完美境界，在实际生产中是很难达到的，但是以上目标的确立却为企业提供了奋斗的方向。看板管理法就是实现准时化生产最重要的途径和方法，其原理是将推动式生产改变为拉动式生产。

（2）推动式生产与拉动式生产的比较　　推动式生产是按照生产加工制造工艺顺序，依次由第一道工序开始生产，然后依次向下传，不管下道工序是否需要、何时需要以及需要多少，总是不停地往下传，而后面的工序随时都要接受来自上道工序传下来的零件。这种方式的结果是容易形成工序间零部件或物料的堆积和储存，使得在制品的数目不断增加。

拉动式生产是一种与推动式生产相对应的生产方式，在生产计划的制订与传递方式方面二者有很大的区别。拉动式生产是指只在下道工序需要时才向上一道工序取货，需要多少就取多少、何时需要就何时取，没有零件或物料的积压。它以均衡化生产为前提，进行单件流水式生产。

图 4-6 所示是拉动式系统示意图。工序 3 根据客户的需求向工序 2 发出订单，工序 2 根据订单需求再向工序 1 发出订单；工序 1 接到订单后开始生产，然后向工序 2 交货，工序 2 接到原材料安排生产，再向工序 3 交货。这种由需求引发订单，再导致生产行为的拉动式系统，可以很好地避免库存积压。

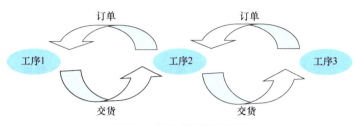

图 4-6　拉动式系统示意图

推动式生产与拉动式生产的比较见表 4-3。

表 4-3　推动式生产与拉动式生产的比较

项目	推动式生产	拉动式生产
观念	生产为先,以备后续使用 超前、超额完成任务	以销定产 接到生产指示板后生产
市场应变能力	弱	强
物料	估计使用量	实际消耗量
产量	预测产量	精确产量
在制品库存	大量	少量
生产规模	大批量	小批量
计划	计划下达所有工序 计划调整较困难	计划下达最后工序 计划调整较容易
制造周期	比较长	短
资源	浪费	减少浪费
管理	应急管理	目视管理
沟通	不畅	畅通
出现异常情况	可能只影响本工序: 有缓冲库存、改善压力小	几乎影响所有工序: 无缓冲库存、改善压力大

◇　启示角

　　推动式生产是盲目的生产,容易造成浪费;拉动式生产是目标明确的生产,更能顺应市场的变化,满足客户的需求。所以说,明确目标是非常重要的。

　　有了明确的目标,我们才会有行动的方向和动力;没有目标,就如同一个没有转向盘的超级跑车,即使拥有最强有力的发动机,最终仍是废铁一堆,发挥不了任何作用。现实中有些人之所以会感觉无聊厌恶、缺乏生活激情,大部分根源在于其丧失了做事的目的。

　　（3）看板的概念　看板一词起源于日语,是传递信号控制生产的工具,它可以是某种"板",如卡片、揭示牌、电子显示屏等,也可以是能表示某种信息的任何其他形式,如彩色乒乓球、容器位置、方格标识、信号灯等。

　　看板管理不仅是生产过程的控制手段,也是生产系统动态自我完善过程的控制手段,它以客户为中心控制生产的过程与进度。随着现代管理水平的不断提高,看板管理不再局限于生产过程控制的看板,而是延伸到了整个生产现场管理以及企业的各项经营活动乃至社会活动中,特别是在 5S 现场管理中得到广泛应用。

（4）看板的类型　在生产管理中使用的看板形式有很多。按照看板的功能差异和应用对象不同，可分为工序看板、生产管理看板、外协件看板和临时看板四大类。

微课 4-6
看板展
示法 2

1）工序看板。在一个企业内各工序之间使用的看板统称为工序看板。不同工序看板的内容见表4-4。

表4-4　不同工序看板的内容

序号	看板	内容
1	取货看板	操作者按看板上所列数目到前工序领取零部件。没有取货看板，不得领取零部件
2	送货看板	由后道工序填写零部件取货需要量，当前道工序送货时，将收发清单带回，作为下次送货的依据
3	加工看板	指示某工序加工制造规定数量的看板。一般根据机械加工、装配、运输、发货、外部订货的需要情况分别编制
4	信号看板	在固定的生产线上作为生产指令的看板。一般是信号灯或不同颜色的小球等
5	材料看板	进行批量生产时用于材料准备工作的看板
6	特殊看板	当生产按订货顺序进行时，按每一项订货编制，交货后即收回
7	临时看板	生产中出现次品、临时任务或临时加班时用的看板，只用一次，用毕即收回

2）生产管理看板。生产管理看板又细分为指示管理看板、进度管理看板以及交期管理看板三种。指示管理看板可以帮助作业者明确当天的作业内容或优先顺序；进度管理看板可以帮助作业者把握有关计划的生产进度，了解加班或交期变更的必要性；交期管理看板主要是为了进行事前的追踪，以了解每次安排的交期。生产管理看板的使用目的与技巧见表4-5。

表4-5　生产管理看板的使用目的与技巧

看板	使用目的	使用技巧
指示管理看板	分配员工所在设备的工作	对于当日的作业名与顺序加以确认，并将其当作作业指示而加以标示；尽可能分配时间
进度管理看板	把握并调整每一件涉及全体的延误情况；交期的决定	集中管理制程；标示各制程的着手预定期；了解当日状况
交期管理看板	经由交期点的管理，制定防止误期的对策	能了解入库预定期的预定日与实际日；制程进行途中，标示模具、原材料配件等交期预定日与实际日

3）外协件看板。工厂向外部订货时，用以表示外部应交零部件数量、交货时间等的一种领取看板，仅适用于固定的协作厂之间。外协看板与工序间看板类似，只是前工序不是内部的工序而是供应商，通过外协看板的方式，从最后一道工序慢慢往前推动，直至供应商。

4）临时看板。指在进行设备保全、设备修理、临时任务或需要加班生产的时候所使用的看板，主要是为了完成非计划内的生产或设备维护等任务，灵活性比较大。

（5）看板的制作要点　制作看板是实施看板管理的首要环节，看板设计编制的好坏直接影响看板管理的顺利实施。一般来说，制作看板有以下几个要点：

●　容易识别。看板要按照产品、用途、种类、存放场所，用不同的颜色或标志，使正反面都能容易看出，易于识别。

●　容易制造。实施看板管理，看板用量大，编制看板时要充分注意到制造的有关问题，使其易于制造。

- 容易处理。看板应方便保管和管理，同时便于问题的处理。

- 同实物相适应。在看板管理实施过程中，看板要随零部件实物一起传送，因而看板应采用插入或悬挂等形式，容易与实物相适应，方便运行。

- 坚固耐用。看板在运行过程中要随实物传递运送，因此应该耐油污、耐磨损，尤其是循环使用的看板，要坚固耐用。

4. 红牌作战法

集思广益：大家在哪些场合下见过红牌？

在5S推进的过程中，会在一些物品、设备以及台架上张贴红牌，这就是5S管理方法之一——红牌作战法。

微课 4-7
红牌作
战法 1

（1）含义　红牌作战法是指对作业现场的"问题点"进行发掘，并用张贴红色标签的方式，使员工明确问题所在，制订整理改善方法，达成积极迅速改善的目的，其主旨在于充分暴露问题，并以暴露问题的过程和红牌整改率作为评价该方法成功与否的标准。

> ◇ 启示角
>
> 暴露问题不是一件可怕的事情。出了问题，我们之所以想要逃避，实际上是不想面对解决问题需要面对的痛苦和付出的代价。可是痛苦是无法逃避的，这次躲掉了，下次还会再来。面对问题，我们能做的就是用冷静和坦然的态度对待，客观地分析问题出现的原因，进行正确的归因。记住：只有暴露问题，才能解决问题。

（2）目的　红牌作战法的目的在于用醒目的红色标牌来标识问题的所在，防止由于时间的拖延而导致问题被遗漏，并且要时时提醒和督促现场的工作人员去解决问题，直至摘掉红牌。

（3）贴附对象　贴附红牌的对象可以有很多，具体如图4-7所示，如制造部门中的库存、设备、空间等，以及事务部门中的文书、机器、文具等。当然这些对象被贴附的前提是他们可能属于工作场所中不要的物品，也有可能是违反了"三定"原则的物品，或者是有油污、不清洁的物品。但是有一点要注意，红牌对事不对人，不要在人身上贴红牌。

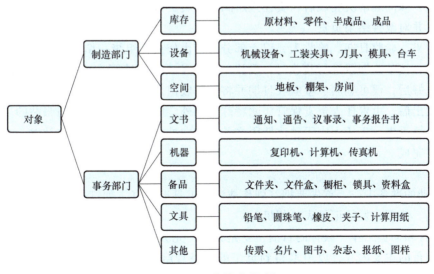

图 4-7　红牌的贴附对象

（4）**红牌的内容**　红牌是指用红色的纸做成的5S管理问题揭示单。红色代表警告、危险、不合格或不良。红色纸张的大小需要根据所粘贴的物品的大小与种类来制作，应具有一定的硬度和厚度，避免破损。红牌的内容包括责任部门、对存在问题的描述和相应的对策、要求完成整改的时间、验收人等，其具体的范例见表4-6。

表 4-6　红牌范例

责任部门		场所		责任人	
提出人		提出日期		整改期限	
问题描述：					
对策：					
执行人		完成日期		确认人	
验收结果：					
验收日期				验收人	

（5）**红牌的填写**　责任部门、场所、提出人、提出日期、整改期限以及问题描述，以上部分内容由作战小组统一填写。作战小组是由5S推行事务办公室组织并指定的，一般3人或5人为1组，1人为组长，其余为组员。当对某事物是否挂红牌有异议时，可采用少数服从多数的原则。

场所：指发现问题的具体位置；

提出日期：指发出红牌当日，包含年、月、日。

整改期限：一般分为1天、2天、1周、2周四种。

问题描述：指记录对问题客观事实的具体描述，不要带有感情色彩或进行定性总结。

责任人：即现场责任人，指具体负责解决所发现问题的人。若责任人不在场，可由在场的区域负责人代签，并及时向责任人转达问题的具体情况。

对策、执行人、完成日期、确认人，以上部分内容由整改单位统一填写。

对策：主要是针对问题提出来的，包括对现状问题的处理方法和防止再次发生的方法。

确认人：即问题解决完成后，责任人所属部门负责人确认对策方法、对策效果，认可后进行签字，并对改善结果负责。

验收结果、验收日期、验收人，以上部分内容由作战小组统一填写。

验收人：按整改期限进行验收时，确认红牌上各项均已填写完成、对策说明通俗易懂、改善效果良好后，便可签名、签验收日期并将红牌收回。

红牌发出后，由责任人负责保管，除特殊情况外，应保留在现场最初张贴的位置，不得丢失。若不慎丢失，责任人应于整改期限之前主动向推行事务办公室提出补发，否则该问题点视为没有完成。

（6）**实施步骤**

1）活动的准备工作。首先要把红牌作战法的工具准备好，如红牌、张贴用的胶带、笔、垫板、发行记录表、相机等。

2）教育和动员工作。教育的目的主要是让员工充分认识推动这项活动的意义和活动推行的主要内容，以争取得到员工的支持理解，如此员工才能以正确的态度对待这项活动。在教育的过程中一定要向员工强调：红牌表示问题，但

微课 4-8
红牌作
战法 2

只要按期整改就不再是问题。

3）贴红牌。活动推进部门召集各部门的负责人或主要活动成员深入到各个管理部门和管理现场，找出问题点并贴红牌。不要让现场的员工自己贴红牌，并且红牌要贴在引人注目的地方，时间跨度不可过长。

4）问题点的登录管理。红牌发行的同时，所属部门一定要及时做好问题点的登录管理工作，并做成部门的红牌发行清单（表4-7），以便部门经理进行跟踪确认，督促相关人员及时采取整改对策。但是一定要注意红牌发行清单中填写的内容要与相对应的红牌一致。

5）解决问题后摘下红牌。对于已经解决的问题，由推行人员经过确认后从现场摘下红牌，并在问题清单上做记录。最终以红牌整改率作为评价标准。

6）污染发生源和不易解决的难点问题的登录管理。针对某些污染发生源得不到解决的问题要特别地进行登录管理，并制订解决这些问题的具体计划，积极跟进难点问题的解决，必要时可以向高层请求支持等。

表 4-7　红牌发行清单

发行序号	区域场所	问题性质	发行时间	完成时间		效果确认		处理意见	发放签收	备注
				要求	实际	是	否			

（7）注意事项　红牌作战是将不常用、暂时不用、不能用、不知道怎么用或没用过的物品统统贴上红牌，张贴时的注意事项如下：

1）红牌作战是5S管理中一种行之有效的实施手法，并非处罚形式。

2）挂红牌的频率不宜太多，一般一个月一次，应给一定的整改时间。挂红牌的理由要充分，事实要确凿。

3）红牌上应给予明确的处理方法（重新检验入库、改作他用或降级使用、变卖等）。

4）贴红牌时要区分严重程度，规定整改时间，限期整改。

5）对于有疑问的物品，先贴上红牌。对于需要改善的地方，必须贴上红牌。

6）对于贴了红牌的物品，相关人员需将其集中在一起，然后根据物品整理判定标准，判定是否需要。

（8）应用　集思广益：红牌作战法可用于5S管理的哪一个阶段中？

1）整理阶段。在整理的过程中，应能够清楚地区分出要与不要的物品，留下必要的物品，坚决彻底地抛弃不要的物品，从中寻找出需要改善的事情、地点和物品。在这一过程中，应用红牌作战的主要目的就是寻找工作场所中可以改善之处。

2）整顿阶段。在整顿的过程中，需要按照"定点、定量、定容"的基本原则，针对可以改善的地方用红牌标识。如此可以很直观地看到工作场所中物品不合理的摆放状况，提醒工作人员加以改善。

3）清扫阶段。清扫的过程其实是针对红牌问题制定有效、合理的改善措施，从而减少红牌的数量。清扫时要特别注意对有油污的、不清洁的设备，藏污纳垢的办公室死角以及办公室、生产现场中不该出现的物品进行红牌标示。

4）清洁阶段。清扫过程中已经针对不合理的实物和地点进行了红牌标示。因此，在清洁过程中就要分析具体的红牌问题，寻找问题产生的根源，进而提出根本的解决方法，尽量减少工作场所中的红牌数量。

5）素养阶段。在培养素养的阶段，红牌作战的方法依然是很有效的实施手段。红牌作战可以帮助企业员工养成良好的工作习惯，提高自身素质，在工作中能够时刻注意寻找需要增加红牌的事物和场所，同时要想尽一切办法减少红牌的数量。

总之，红牌作战法经常贯穿并用于5S管理的整个实施过程，对于预先发现和彻底解决工作现场的问题有着非常重要的意义。

5. 寻宝活动法

集思广益：寻宝活动法中的"宝"是指什么呢？

微课 4-9
寻宝活动法

（1）含义　寻宝活动是指5S活动整理过程中，找出现场的无用物品，进行彻底整理的一种趣味化的活动。"宝"实际上就是需要彻底找出来的无用物品。

（2）作用

1）它是专门针对各个场所里的一些死角和容易被人忽视的地方来进行的整理活动，因而目的明确，有针对性，容易取得实效。

2）因为它具备很强的趣味性，员工的参与度较高，可以使整理活动在短期内见效。

3）它可以打破部门、区域的界限，可以跨部门寻宝，以保证所有被遗忘的角落都得到治理。

（3）实施规则　寻宝活动要顺利进行，首先要制定实施规则，解除大家的顾虑，具体规则如图4-8所示。

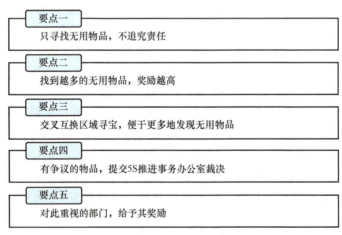

图 4-8　寻宝活动实施规则

（4）开展步骤

1）制订寻宝活动计划。寻宝活动计划由5S推行委员会制订，推行事务办公室予以组织实施。计划包括奖励措施、寻宝责任区域、约定寻宝标准、约定集中摆放场所、约定标示的方法等项目。寻宝活动实施计划的内容见表4-8。

表 4-8　寻宝活动实施计划的内容

序号	项目	具体说明
1	奖励措施	决定奖励的对象、奖励金额,如对人均寻宝件数最多的部门奖励多少元等
2	寻宝责任区域	初步确定各个部门寻宝的责任区域
3	约定寻宝标准	一般而言,是指部门不要的、无用的或无法判断其使用价值的物品
4	约定集中摆放场所	指定一个或几个摆放不要物品的场所,以便实现不要物品的集中摆放
5	约定标示的方法	统一规定对各类物品进行标示的方法
6	寻宝的时间期限	寻宝活动要在短期内突击完成,因此一定要约定一个时间期限
7	安全约定	清理出的物品不一定都是要废弃的东西,所以在决定废弃之前还要注意对物品的保护,以免造成损坏。当然,还应注意保护参与者自身的安全

2）实施寻宝活动。各个部门按照寻宝活动计划清理出对象物品,统一收集后摆放到企业指定的场所,同时要做好以下工作:

- 用照相机对处理前的物品或状态进行拍照,以记录物品的现有状态。
- 对清理出的物品进行分类,并列出清单（清单中应对物品的出处、数量进行记录,并提出处理意见,按程序报相关部门审核批准）。
- 调查物品的出处,要获得使用部门确认,应该是确实不需要的。不要物品处理记录见表 4-9。

表 4-9　不要物品处理记录

部门:　　　　　　　　　　　　　　　　　　　　　　　　　　　　　　年　月　日

物品名称	规格型号	单位	数量	处理原因	所在部门意见	推行委员会意见	备注

制表:　　　　　　　　　　审核:　　　　　　　　　　批准:

3）集中判定和分类处理。待物品集中之后,组织者应及时召集企业高层和相关部门负责人或专家依据标准进行集中评价,确定物品的处理方法。不要物品的处理方式如图 4-9 所示。

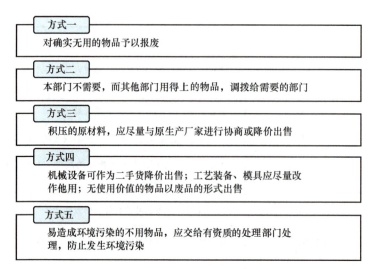

图 4-9　不要物品的处理方式

方式一
对确实无用的物品予以报废

方式二
本部门不需要，而其他部门用得上的物品，调拨给需要的部门

方式三
积压的原材料，应尽量与原生产厂家进行协商或降价出售

方式四
机械设备可作为二手货降价出售；工艺装备、模具应尽量改作他用；无使用价值的物品以废品的形式出售

方式五
易造成环境污染的不用物品，应交给有资质的处理部门处理，防止发生环境污染

根据判定结果，指定相关部门实施处理。在处理过程中做好必要的记录，如对寻宝区域整理责任人进行登记，见表 4-10。

表 4-10　寻宝区域整理责任人登记表

整理区域	区域负责人	区域整理责任人
A 办公室		
B 办公室		
C 办公室		
D 仓库		
E 仓库		
F 车间		

4）进行账面处理。对于寻找出来的物品，要在财务上做必要的账面处理，以备以后的账目核对。

5）总结表彰。寻宝活动结束后，要对活动的结果进行必要的总结，按照事先约定的标准，选出优秀的部门和员工，并给予表彰和奖励。

6. 定置管理法

自我诊断：在日常工作中，是否有下列"症状"。

● 工作场所摆放凌乱，工作空间给人一种压抑的感觉。

● 找一件东西，不知道它放在何处，要花较长时间才能找到它。

● 车间有用的东西和无用的东西同时摆放，活动场所变得很小。

● 作业场所通道被堵塞，行人、搬运无法通过。

如果每天都被这些小事所困扰，那么员工的情绪很容易受到影响，从而大大降低工作效率。解决以上"症状"的良方只有推行现场定置管理。

（1）起源　定置管理起源于日本，在 20 世纪 50 年代提出了定置管理这一新的概念，后来又在应用的基础上，发展了定置管理，把定置管理总结和提炼成为一种科学的管理方法。

集思广益：定置管理中的"定置"是不是可以理解成"把物品固定地放置"？

微课 4-10
定置管理
法 1

（2）含义　定置管理是对生产现场中的人、物、场所三者之间的关系进行科学的分析研究，使之达到最佳结合状态的一门科学管理方法。它以物品在场所的科学定置为前提，以完整的信息系统为媒介，以实现人和物的有效结合为目的，通过对生产现场的整理、整顿，把生产中不需要的物品清除掉，把需要的物品放在规定的位置上，以达到高效生产、优质生产、安全生产的目的。

> ◇　**启示角**
>
> 　　定置管理是对物品进行有目的、有计划、有方法的科学放置，以此发挥出物品的最大效能。我们同样也需要有方向、有目标、有计划，合理摆正自己的位置。摆正亲疏，才能平衡自己的心态；分清高低，才能使人感觉舒适；辨明得失，才有助于趋吉避凶；不忘深浅，才能避免惹是生非。

（3）原则

1）定置管理要符合工艺要求，经过设计、调整生产现场的人、机、环境处于最佳状态，以满足工艺流程的需要。

2）定置管理要以安全为前提，做到操作安全、物放稳妥、防护得力、道路畅通、消防方便。

3）定置管理要符合环境保护和劳动保护的规定、标准。

4）定置管理要贯彻节约原则，要因地制宜，利用现有条件，少花钱、多办事。

5）定置管理要符合动态原则，定置物及场所要随着生产、经营的变化而变动。

（4）基本要求

1）划清定置管理范围，实行定置管理责任制。

2）物品摆放优化定位。

3）与生产、工作无关的物品，一律不得摆放在生产、工作场所。

4）制定室内物品平面定置图。

5）物品要有完整规范的标签、标志。

（5）内容　定置管理的内容较为复杂，在企业中可简单地分为企业区域定置、生产现场定置和办公室定置等，具体见表4-11、表4-12及如图4-10所示。

表 4-11　企业区域定置的内容

项目			具体内容
企业区域定置	生产区	总厂定置	分厂、车间界限划分 大件报废物摆放 改造厂房的拆除物临时存放 垃圾区 车辆存停
		车间定置	根据车间生产需要,合理设计车间定置图 对物品临时停滞区域定置 对工段、班组及工序、工位、机台定置 对工具箱和设备定置 质量检查现场定置

（续）

项目			具体内容
企业区域定置	生产区	库房定置	设计库房定置图,悬挂在库房的醒目处 对易燃、易爆、有毒及污染环境、限制储存的物品实行特别定置 限期储存物品要用特定的信息表示接近储存期 账簿前页应有序号、物品目录及存放点 特别定置区域要用标准符号和无标准符号或规定符号表示 物品存放的区域、料架号、序号必须与账、卡、物、目录相符
	生活区		涉及道路建设、福利设施、园林修造、环境美化等

表 4-12 生产现场定置的内容

项目		具体内容
生产现场定置	区域定置	A 类区:放置 A 类物品 如在用的工具、夹具、量具、辅具,正在加工、交检的产品,正在装配的零部件 B 类区:放置 B 类物品 如待周转的半成品,待装配的外配套件等 C 类区:放置 C 类物品 如废品、垃圾、料头、废料等
	设备、工艺装备的定置	根据设备管理要求,对设备划分类型,分类管理 自制设备,专用工艺装备经验证合格交设备部门管理 按照工艺流程,将设备合理定置 对设备附件、备件、易损件、工艺装备合理定置、加强管理
	操作者定置	人员实行机台(工序)定位 某台设备、某工序缺员时,调整机台操作者的原则是保证生产不间断 培养多面手,搞一专多能
	质量检查现场定置	检查现场一般划分为合格品区、待检区、返修品区、废品区、待处理品区 区域分类标记
	质量控制点定置	将影响工序质量的各要素有机地结合成一体,并落实到各项具体工作中去,做到事事有人负责: 操作人员定置 操作人员技术水平必须具备岗位技术素质要求 操作人员应会运用全面质量管理方法 操作人员应做到文明生产
	其他	工件的定置管理,工具箱及箱内物品的定置管理,运输工具、吊具的定置管理,安全设施的定置管理等

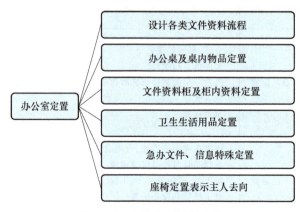

图 4-10 办公室定置的内容

（6）定置管理标准化

1）定置物品的分类规定。企业要从自己的实际出发，将生产现场的物品分为 A、B、C 三类，以使人们直观而形象地理解人与物的结合关系，从而明确定置的方向。人与物的结合关系分类见表 4-13。

表 4-13　人与物的结合关系分类

状态	解析	举例
A	表现为人与物处于能够立即结合并发挥效能的状态	操作者使用的各种工具,由于摆放地点合理而且固定,当操作者需要时能立即拿到或做到得心应手
B	表现为人与物处于寻找状态或尚不能很好发挥效能的状态	操作者想加工一个零件,需要使用某种工具,但由于现场杂乱或忘记了这一工具放在何处,结果因寻找而浪费了时间
C	指人与物没有联系的状态	生产现场中存在的已报废的设备、工具、模具,生产中产生的垃圾、废品、切屑等,这些物品放在现场,必将占用作业面积,而且影响操作者的工作效率和安全

2）定置管理信息铭牌规定。信息铭牌是放置在定置现场、表示定置物所处状态、定置类型、定置区域的标示牌，应由企业统一规定尺寸、形状、摆放的高低，统一制作，做到标准化。

① 检查现场区域划分的规定。一般分为五个区域：成品、半成品待检区，返修品区，待处理品区，废品区，成品、半成品合格区。

② 检查现场区域标准信息符号。信息符号应该简单、易记、鲜明、形象并且具有可解释性，见表 4-14。

表 4-14　信息符号说明

图示	说明	图示	说明
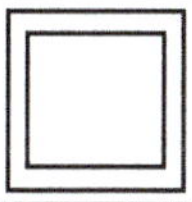 □	成品、半成品待检区	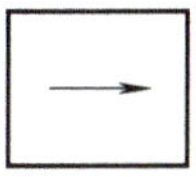 →	返修品区
 ○	待处理品区	 ✕	废品区
 ∨	成品、半成品合格区	 ∨	成品、半成品优等品区

3）定置管理颜色标准。颜色在定置管理中一般用于两种场合：一种是用于现场定置物分类的颜色标志，一般用红、蓝、白三种颜色表示物品的 A、B、C 分类；另一种是用于现场检查区域划分的颜色标志，将现场检查区域分别规定不同的颜色，并涂在标准信息铭牌上，一般用绿色表示合格品区、红色表示返修品区、蓝色表示待检查品区、黄色表示待处理品区、白色表示废品区。

4）可移定置物符号标准。可移定置物在定置图中采用标准符号表示法，从而使定置图清晰、规范、简练，而且可以使各个部门之间便于简化手续，研究定置情况。例如，BC 表示搬运车，GX 表示工具箱，GT 表示工作台，WG 表示文件柜，MQ 表示灭火器。

5）定置图绘制标准。既要统一规定各种定置图的图幅，又要统一规定各类定置物的线型画法，包括机器设备、工位器具、流动物品、工具箱及现场定置区域等。定置物的线型画法见表4-15。

表4-15　定置物的线型画法表

图示	说明	图示	说明
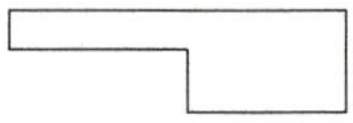	表示设备	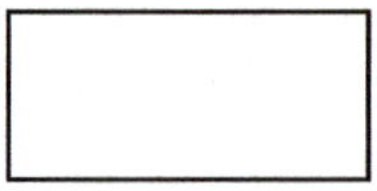	表示工艺装备
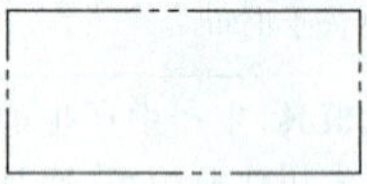	表示计划补充的设备工装	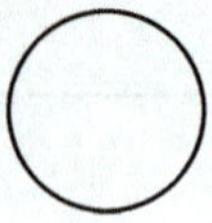	表示风扇
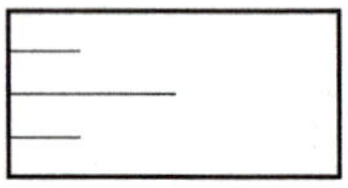	表示存放架	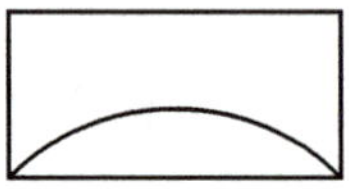	表示容器
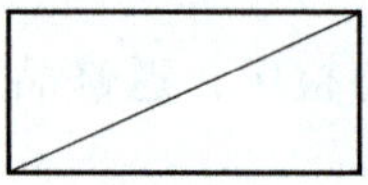	表示平台	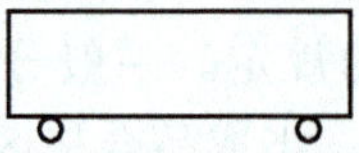	表示活动书架、小车
	表示工具箱、文件柜		表示办公桌、茶几等
	表示计划补充的工具箱、办公桌等物品	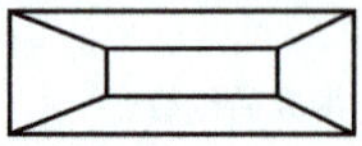	表示散状材料堆放场地
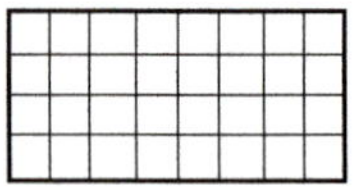	表示铺砖场地		表示工位区域分界线
	表示人行道	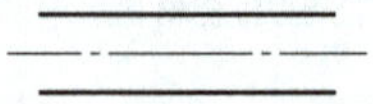	表示铁道
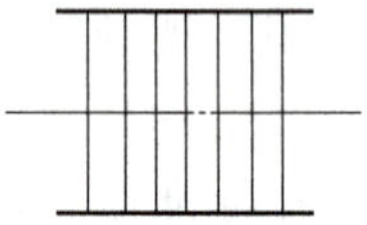	表示台阶、梯子	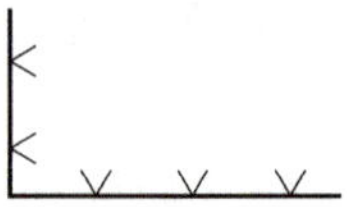	表示围墙

定置图中标准信息符号应加以规定，如现场定置图中的可移动定置物，用信息符号表示后，还要在定置图的明细栏中加以说明。

各种定置图的发放及保存，都需要做统一规定。

6）其他定置要求。其他（办公桌、办公椅、文件柜等）定置要求见表4-16。

表 4-16　其他定置要求

物品	定置要求
办公桌	定置时按照物品分门别类，分为每天使用的物品和经常使用的物品 物品摆放符合方便、顺手、整洁、美观和提高工作效率的原则 定置图应统一贴在规定的地方 办公桌中无用的物品应清除走 有用物品编号并标在定置图中，使图、号、位、物相符
办公椅	人离开办公室（在办公楼内或未远离），座位原位放置 人离开办公室短时外出，座位半推进 人离办公室超过 4 小时或休息，座位全推进
文件柜	与工作和生产无关之物彻底清除 文件资料柜的摆放要做到合理、整齐、美观并便于提高工作效率 各类物品必须编号并注于定置图中，做到号、物、位、图相符 定置图贴在文件柜门扇内 定期进行整理整顿，保持柜内整齐和整洁
定置物	工件的定置摆放，要按区、按类存放，做到标志与实物相符 工位器具使用合理 工件摆放做到齐、方、正、直，且符合安全生产要求 定置物的摆设与定置图相符 信息铭牌放在规定的位置后，不得随意挪动 定置物发生变化时，图、物、区域和铭牌均应做相应调整 定置物必须存放在本区域内，不得放在区域线或隔离围栏外
设备 （包括易损件定置、设备及周围环境卫生、设备检查时间周期、设备操作人员和维修人员的工作标准等要求）	设备机台定置 设备在工序的停滞位置定置 在设备周围给操作者充足的活动空间 在设备周围给维修人员充足的活动空间 操作者能安全进出设备放置处 设备配置要符合安全要求 设备作业面的高度要满足操作者运动自如的需要 对设备所有的资料实行定置管理 易损件在容器、零件架上的摆放数量及摆设方式实行定置管理
各种储存容器、器具	各种储容器、器具中所摆放的物品，应该是与生产控制有关的物品，否则均不得摆放 应将各种物品分类，按使用频次排列成合理的顺序，整齐有序地摆放在容器和器具中。使用频次多的物品，一般应放入每层中间且与操作者较近的位置 物品放好后，依次编号，号码要与定置图的标注相符。做到以物对号，以号对位，以位对图，图、号、位、物相符 定置图要求贴在容器、器具门内或是合适的表面下 各种容器、器具的层格要保持清洁，无污垢，要按规定的时间进行清洗和整理 操作现场的器具和容器，定置到一定位置后，不得随意挪动 工具箱的结构尽可能做到一致，容器和器具也做到部门内统一
安全 （即对易燃、易爆、有毒、污染环境的物品和不安全场所实行的特别定置）	存放地的选择及要求，物品储存量和处理地的面积要达到最低值 消防、灭火器的定置要求，使通道畅通无阻，并设专人负责定时检查 生产现场电源、电路、电气设施的定置要求 吸烟点的设定及定置要求，休息室应设有烟灰缸，并放在安全可靠处 生产现场精、大、稀设备的重点作业场所和区域的定置 对不安全场所，如建筑、吊物作业、易滑坠落、塌方现场、易发生机械伤人的场所及通道等实行定置

（7）实施步骤

1）准备阶段。

① 进行现场调查，工艺研究。工艺研究是一个提出问题、分析问题和解决问题的过程，包括以下三个步骤：

● 对现场进行调查，详细记录现行方法。

通过查阅资料、现场观察，对现行方法进行详细记录，为工艺研究提供基础资料，所以，要求记录详尽准确。由于现代工业生产工序繁多，操作复杂，用文字记录现行方法和工艺流程，势必显得繁琐。在调查过程中运用工业工程中的一些标准符号和图表来记录，则可一目了然。

微课 4-11
定置管理
法 2

● 分析记录的事实，寻找存在的问题。

对经过调查记录下来的事实，运用工业工程中的方法研究和时间研究法，对现有的工艺流程及搬运路线等进行分析，找出存在的问题及影响因素，提出改进方向。

● 拟定改进方案。

提出改进方向后，定置管理人员要对新的改进方案做具体的技术经济分析，并和旧的工作方法、工艺流程和搬运线路进行对比。在确认是比较理想的方案后，才可作为标准化的方法实施。

② 对人、物结合的状态分析。人、物结合状态分析，是开展定置管理中最关键的一个环节。定置管理就是要通过相应的设计、改进和控制，消除 C 状态，改进 B 状态，使之都成为 A 状态，并长期保持下去。

③ 开展对信息流的分析。生产中使用的物品品种多、规格杂，它们不可能都放置在操作者的手边，如何找到各种物品，需要有一定的信息来指引；许多物品在流动中是不回归的，它们的流向和数量也要有信息来指导和控制；为了便于寻找和避免混放物品，也需要有信息来确认。因此，在定置管理中，完善而准确的信息媒介是很重要的，它影响到人、物、场所的有效结合程度。人与物的结合，需要有四个信息媒介物。

第一个信息媒介物是位置台账，它表明"该物在何处"。通过查看位置台账，可以了解所需物品的存放场所。

第二个信息媒介物是平面布置图，它表明"该处在哪里"。在平面布置图上可以看到物品存放场所的具体位置。

第三个信息媒介物是场所标志，它表明"这儿就是该处"。它是指物品存放场所的标志，通常用名称、图示、编号等表示。

第四个信息媒介物是现货标示，它表明"此物即该物"。它是物品的自我标示，一般用各种标牌表示，标牌上有货物本身的名称及有关事项。

在寻找物品的过程中，人们通过第一个、第二个媒介物，被引导到目的场所，一般称第一个、第二个媒介物为引导媒介物；再通过第三个、第四个媒介物来确认需要结合的物品，一般称第三个、第四个媒介物为确认媒介物。人与物结合的这四个信息媒介物缺一不可。建立人与物之间的连接信息，是定置管理技术的特色。是否能按照定置管理的要求，认真地建立、健全连接信息系统，并形成通畅的信息流，有效地引导和控制物流，是推行定置管理成败的关键。

2）定置实施阶段。定置实施是理论付诸实践的阶段，也是定置管理工作的重点，其包括以下三个步骤：

① 清除与生产无关之物。生产现场中凡与生产无关的物品，都要清除干净。清除与生产无关的物品应本着"双增双节"精神，能转变利用便转变利用，不能转变利用时，可以变卖，化为资金。

② 按定置图实施定置。各车间、部门都应按照定置图的要求，将生产现场、器具等物品进行分类、搬、转、调整并予定位。定置的物要与图相符，位置要正确，摆放要整齐，储存要有器具。可移动物，如推车、电动车等也要定置到适当位置。

③ 放置标准信息铭牌。放置标准信息铭牌要做到牌、物、图相符，设专人管理，不得随意挪动。要以醒目和不妨碍生产操作为原则。

总之，定置实施必须做到：有图必有物，有物必有区，有区必挂牌，有牌必分类；按图定置，按类存放，账物一致。

3）检查与考核阶段。定置管理的一条重要原则就是持之以恒。只有这样，才能巩固定置成果，并使之不断发展。因此，必须建立定置管理的检查、考核制度、制订检查与考核办法，并按标准进行奖罚，以实现定置管理长期化、制度化和标准化。定置管理的检查与考核一般分为两种情况：

① 定置后的验收检查。检查不合格的不予通过，必须重新定置，直到合格为止。

② 定期对定置管理进行检查与考核。这是要长期进行的工作，它比定置后的验收检查工作更为复杂，更为重要。

7. 标志大行动

标志大行动是用标牌、标记明确标示出物品放置位置、物品名称、物品数量等，让任何人都能一目了然的一种整顿方法。

微课 4-12
标志大行动

（1）标志的目的

- 将必需物品重新布局，放置在最适宜的位置。
- 使任何人能一目了然地知道物品放置的位置。
- 使物品取用后能准确回归到规定的位置。

（2）标志的对象　标志的主要对象是仓库和设备。涉及的主要区域是生产区域和办公区域。但要注意的是，虽然要贴标志的东西很多，但是不能胡乱地给所有物品都贴上标志，而使全厂每个角落都贴满小标牌。当所做的标志没有起到作用时，就不要随意标示。但如果涉及需要归位的物品，一定要做标志。标志种类如图 4-11 所示。

图 4-11　标志种类

（3）实施步骤

1）确定放置区域。主要原则是使用频率高的物品尽量放置在工作现场较近的地方或操作人员视线范围内；使用频率低的物品放置在离工作现场较远的地方。重物一般放在货架的下方；不常用的物品和轻小的物品一般放在货架的上方。另外，把易于搬动的物品放在肩部和腰部之间的位置。

2）整顿放置区域。确定了放置区域后，接下来就是要把经过整理后必需的物品，放置到规定的区域和位置。在放置过程中要注意不要将物品重叠地堆放在一起。

3）进行位置标志。即将物品进行分区、分架、分层、分位放置。位置的标示方法主要有两种：一种是垂吊式标志牌，适用于大型仓库的分类片区、钢架或框架结构的建筑物，标志牌吊挂在天花板或者横梁下。还有一种是门牌式标志牌，适用于货架、柜子等的位置标示。货架或柜子的位置标示包括：表示所在位置的地点标示、表示横向位置的标示和表示纵向位置的标示。需要注意的是，纵向位置的标示要从上到下用1，2，3，……来表示。此外，标志牌应与货架或柜子的侧面垂直，这样站在通道上就可以看到牌子上所标示的内容。如果张贴在货架的端面，那么只有走到牌子跟前才能看清。如此，效果会大打折扣。

集思广益：一个仓库往往放有很多不同品种的物品，即便物品的品种相同，但规格也各有不同，如何在位置区域确定之后进行区分呢？

4）进行品种标志。品种标志分为物品分类标志和物品名称标志两种。物品分类标志即按照货架上放置物品的类别来进行标示，如轴承类、螺钉类、办公用品类等。标志牌可以贴在货架的端面或放置在货架的上方。物品名称标志即按照物品的名称进行标示，可以贴在放置物品的容器上或货架的横栏上。

5）进行数量标志。如果不规定库存的数量，容易造成仓库积压，影响资金周转。限制库存最好的办法就是根据生产计划来采购物品，留有合理的库存。合理的库存可通过颜色整顿的方法来进行，规定：红色表示最大库存量，绿色为订货库存量，黄色为最小库存量。当达到绿线时，仓管员可立即通知采购部下单采购，如此一目了然。

6）进行设备标志。设备的运转好坏，直接影响生产的正常运行和企业的经济效益。进行设备标志是设备管理的有效方法之一。标志的对象和方法主要有：设备名称标志，设备工作状态标志，点检部位标志，流向、旋转方向标志，压力、温度、液面标志等。

（4）标志的统一　标志其实就是一张小看板，若无统一标准，就会给人杂乱的感觉，所以一定要在一开始就做好标志的统一规定。

1）标志的材料。标志会随着时间的变迁而变化，字迹、颜色和粘贴的胶水等也会渐渐脱落，有时还会因某种原因在一个地方标志多次。所以，要针对场所、位置、物品等选用不同的材料，使之恒久和容易维护。标志常用的材料见表4-17。

表4-17　标志常用的材料

材料	适用位置	效用	维护方法
纸类	普通物品，人或物接触机会少的地方	比较容易标志和方便随时标志	在纸张上涂一层胶，防止接触或清洁造成损坏
塑胶	场所区域的标志	防潮、防水、易清洁	阳光的照射会使胶质硬化、脆化、变色，尽量避免阳光照射

（续）

材料	适用位置	效用	维护方法
油漆	机械设备的危险警告和一些"小心有电"等位置	不容易脱落,保持时刻提醒作用,且易清洁	定期翻新保养
其他	用于一些化学物品和防火物品(如逃离火警方向指示牌等)	防火和防腐蚀物	保持清洁

2）标志的规格。标志的规格能直接影响到整体美观,相同货架上标志的大小规格应统一。

3）标志的字体。标志上的文字最好打印,不要手写,如此既可统一字体、大小规格而且比较标准和美观。

4）标志的粘贴。标志必须要粘贴好,特别是一些危险、警告等的标志,并且要经常检查是否有脱落现象。有时可能会因某个标志的脱落而导致严重的错误发生。

5）标志的颜色。标志的颜色要使用恰当,且统一,否则容易造成误会。

6）标志的用法规定。对于一些如"临时摆放"的标志,必须规定该标志的使用时间;再如一些"杂物柜"的标志,字面范围太广,反而成了不要物品的避风港,要控制该类标志的使用。

总而言之,标志是物品的身份证。看到标志,就可知道要找的相关物品的信息。只贴有自己看得懂、别人看不懂的标志,则标志形同虚设。如果标志做不好,整顿的效果就会大打折扣。

8. 识别管理法

识别管理的范围包含人员识别、物料识别、设备识别、作业识别、环境识别等。

微课 4-13
识别管理法

（1）人员识别　企业规模越大,越需要进行人员识别。现场中有工种、职务资格及熟练员工识别等几种类型,一般通过衣帽颜色、肩章、襟章及醒目的标识牌来区分。

人员识别项目包括:内部职员与外人的识别、新人与老人（即熟练工与非熟练工）的识别、职务与资格的识别、不同职位（工种）的识别。以工种识别为例,白色衣服的一般为办公室人员,蓝色衣服的一般为生产员工,红色衣服的一般为维修人员。以职务识别为例,无肩章的一般为普通员工,一条杠的一般为组长,两条杠的一般为班长,三条杠的一般为主管,而四条杠的一般为部门经理。

（2）物料识别　现场中最容易出差错的项目之一就是物料识别管理,经常会存在良品与不良品相互混淆、误用其他材料、数量不对等等问题。所以做好物料识别管理工作至关重要。

识别项目包括:品名、编号、数量、来历、状态的识别,良品与不良品的识别,保管条件的识别。

识别方法如下:

1）在外包装或实物本身,用文字或带有颜色的标贴纸来识别。如不良品可贴上标贴纸,写上"不可使用"等字样,必要时用带箭头的标贴纸注明不良之处。

2）托载工具上识别。如指定红色的箱子、托盒、托架、台车等只能装载不良品，不能装载良品。而绿色、黑色的才能装载良品。

3）在材料的"合格证"上做标记或注明。将变更、追加的信息，添加在"合格证"上。若材料是从供应商处购入，可要求供应商发行该卡；若为本企业内部制造，则要从第一道工序发行该卡。

4）将移动管理卡添加在实物上，以示识别。为了防止混淆（如试做品等），在材料的外包装箱上添加"移动管理卡"。仓库必须严格执行"先入先出"的原则，同时要一起将"移动管理卡"出具给制造部门或交由技术部门鉴定。

5）分区摆放。物料管理最有效的识别方法就是分区摆放并加上明显的标识。不同材料摆放在同一货架上时，也要对货架进行适当区分。

（3）设备识别　识别项目包括：名称、管理编号、精度校正、操作人员、维护人员、运作状况、设备位置，安全逃生、生命救急装置，以及操作流程示意图。

识别方法如下：

1）画出大型设备的具体位置。

2）在显眼处悬挂或粘贴标牌、标贴。如果判定某设备运作异常，需要悬挂显眼标牌示意，必要时可在该标牌上附上判定人员的签名以及判定日期等内容，然后从现场撤离，这样其他人才不会误用。纸质标贴时间久了，容易发黄、发黑，最好做过塑处理，或用胶质贴纸。

3）规划专用场地，并设警告提示。对粉尘、湿度、静电、噪声、振动、光线等环境有特殊要求的设备，可设置专用场地，必要时用透明胶围起来，并做上醒目的警告标示。

4）设置颜色鲜艳的隔离装置。对于只凭警告标示还不足以阻止危险发生的地方，最好的办法就是将其隔离开来，若无法隔离，应设有紧急停止装置，保证任何情况下的人身安全。

5）声音、灯光提示。正常作业情况下亮绿灯；异常情况下亮红灯并伴有鸣叫声。

6）痕迹留底识别。精密设备一旦设定最佳运作位置之后就不宜改变，有时维修人员拆卸之后，无法将原件迅速、准确复位，此时最好的办法就是将痕迹留底。

（4）作业识别　识别内容包括：作业过程、作业结果；生产布局、工艺流程、质量重点控制项目；个体作业指示、特别注意事项；作业有效日期、实施人。

识别方法如下：

1）用文字、图片、样品等可辨识工具来识别。

2）颜色识别。实际指导作业人员作业时，最好由管理人员出示样品并言传身教。为了防止作业人员犯同样的错误，管理人员可以将作业要点摘出，并用彩笔圈画出来，挂在作业人员最容易看到的位置上。

若是流水线生产方式，只需在第一工序识别生产内容即可，若为单工序作业则需要识别作业内容。识别方法要醒目，要方便自己和他人查看。

（5）环境识别　从进厂门开始到生产现场，再到各个部门，都要有完整的厂区平面布局示意图、现场布局示意图，这不仅可帮助新员工早日熟悉情况，而且可加深客户对企业的了解，对增强企业形象具有重要意义。

识别内容如下：

1）厂区平面分布，如建筑物、通道、外运车辆、停车场。

2）建筑物内各部门所在位置。

3）各种通信、动力电线、水管、气管、油管等。

4）各种电、气、水、控制开关。

5）各种文件、阅读物。

识别方法如下：

1）颜色识别。例如，作业区刷成绿色，通道用黄线隔离，消防水管刷成红色等。但要注意的是，无论用什么油漆刷都要定期重刷，否则油漆脱落之后，视觉效果比不刷更差。

2）标牌识别。可直接在车间进出门上钉上标牌或编号，禁烟区可悬挂禁烟标记。

五、拓展与巩固

1. 拓展知识

目视管理法

（1）含义　目视管理是利用形象直观而又色彩适宜的各种视觉感知信息来组织现场生产活动，达到提高劳动生产率的一种管理手段，也是一种利用视觉来进行管理的科学方法。

目视管理是一种以公开化和视觉显示为特征的管理方式，也称为"看得见的管理"和"一目了然的管理"。通过目视管理，员工可以自主完全理解、接受、执行各项工作。

（2）目的

1）信息标识与引导。通过各类标识，引导作业人员有秩序地进行生产作业。例如，设置各工作区的标牌，安全通道标识牌等，如图4-12所示。

图4-12　信息标识示例

2）异常化显示。借助可以发出视觉信号的手段，显现生产现场的异常情况。例如，压力表中的红色表示超压，机床红灯闪烁表示产生故障，如图4-13所示。

图4-13　异常化显示示例

3）提醒、警示。通过各类标志提醒员工安全操作，防止发生失误。例如，正在维修提示、禁止吸烟提示、车辆禁止通行提示等，都起着提醒警示的作用，如图 4-14 所示。

图 4-14　提醒、警示标志示例

4）实时显示生产现场。通过各种视觉信号反映生产现场生产现状，以激发员工工作热情。例如，通过生产进度看板，使员工了解真实的生产情况，如图 4-15 所示。

 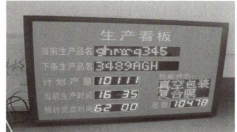

图 4-15　生产进度看板示例

（3）作用

1）有利于提高工作效率。如果与每个操作人员有关的信息都需要管理人员直接传达，那么拥有成百上千工人的生产现场需要配备的管理人员就太多了。目视管理为解决这个问题找到了简捷之路。在有条件的岗位，充分利用视觉信号显示手段，如仪器、电视、信号灯、标识牌等，可以迅速而准确地传递信息，无须管理人员现场指挥便可有效地组织生产。

2）有利于发挥激励作用。实行目视管理对生产作业的各种要求可以做到公开化、透明化，便于现场人员互相监督，使违反劳动纪律的现象不容易隐藏。

例如，工种标识的使用，根据不同车间和工种的特点，规定不同岗位员工穿戴不同的工作服和工作帽，很容易使那些擅离职守、串岗聊天的人处于众目睽睽之下，促使其自我约束，逐渐养成良好习惯。

再例如，考核挂牌，单位经过考核，按优秀、良好、较差、劣等四个等级挂上不同颜色的标识牌；个人经过考核，合格者佩戴不同颜色的臂章，不合格者无标识。这样，目视管理就能起到鼓励先进、鞭策后进的激励作用。

　　获得优秀等级的单位或个人不能骄傲，要继续努力，争取将自己优秀的牌子保持住。毛主席曾说："虚心使人进步，骄傲使人落后，我们应当永远记住这个真理。"当然，在日常生活中亦是如此。取得成功后，如果一味地对镜自赏，到头来只能事事落空。学海无涯，只有保持谦逊的态度并不断地学习，才能取得持久的胜利。

　　获得较差等级的单位或个人同样也不能气馁，既然已经有优秀的模板，我们就要有见贤思齐的心理，将其作为榜样，争取向其不断靠拢。当然，各行各业都有很多值得我们学习的榜样，榜样的力量是无穷的，大家要把他们立为心中的标杆，向他们看齐，不断追求美好的思想品德。

　　3）有利于产生良好的生理和心理效应。目视管理十分重视综合运用管理学、生理学、心理学和社会学等多学科的研究成果，能够比较科学地改善同现场人员视觉感知有关的各种环境因素，使之既符合现代技术要求，又适应人们的生理和心理特点。

　　(4) 水平　根据目视管理实施的程度，可分为初级、中级和高级三个水平。

● 初级水平：能明白现在的状态。

● 中级水平：谁都能判断正常与否。

● 高级水平：管理方法（异常处置）明确。

以原料缸物料管理为例进行说明目视管理的三种水平，如图4-16所示。

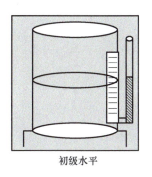
初级水平

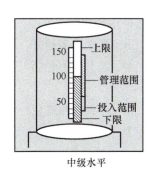
中级水平

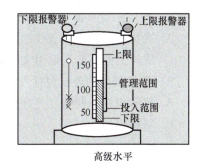
高级水平

图4-16　目视管理的三种水平图示

　　初级水平：标识出了液体的液位，管理人员可以明确液位情况。

　　中级水平：标识了液位的上下限，指出了正常的管理范围和需要投料的液位，使任何人都能明确原料杠的运行情况。

　　高级水平：上下限设置了报警器，可提醒员工做出正确处理，管理范围及现状一目了然，异常处置方法明确。

　　现在许多企业只能达到目视管理的初级水平，达到中级水平的已不多见，能达到高级水平的更是风毛麟角。

2. 巩固自测

（1）单选题

1）定点摄影法可运用于5S管理中的（　　　）阶段。

A. 整理　　　　B. 整顿　　　　C. 清扫　　　　D. 各个阶段

2）红牌作战法可运用于5S管理中的（　　　）阶段。

A. 整理　　　　B. 整顿　　　　C. 清扫　　　　D. 各个阶段

3）油漆作战法主要适用于（　　　）活动。

A. 整理　　　　B. 整顿　　　　C. 清扫　　　　D. 清洁

4）（　　　）是人与物处于能够立即结合并发挥效能的状态。

A. D状态　　　B. A状态　　　C. C状态　　　D. B状态

5）下面各项对定点摄影法的描述正确的是（　　　）。

A. 定点摄影法简单地说就是拍照

B. 定点摄影法是5S管理推行中必不可少的重要工具

C. 定点摄影法不能督促各部门的整理工作

D. 以上都不正确

6）在整理的过程中，红牌作战法的目的与主要任务是（　　　）。

A. 寻找工作中的失误

B. 寻找工作场所中可以改善之处

C. 寻找更高效率的工作方法

D. 寻找更合适的工作场所

7）在运用定点摄影法时，应该怎样选择照片？（　　　）

A. 选择一些具有代表性的照片　　　B. 照片越多越好

C. 照片上面不要有说明文字　　　　D. 以上都不包括

8）看板制作的要点包括（　　　）。

A. 容易识别、制造、处理　　　　B. 同实物相适应

C. 坚固耐用　　　　　　　　　　D. 以上都包括

（2）判断题

1）寻宝活动法中的"宝"指的是现场当中有用的物品。（　　　）

2）定点摄影法作为一种有效的5S管理方法，直接执行即可，不需要征得人的同意。
（　　　）

3）红牌作战法是5S管理中一种行之有效的实施方法，也是一种处罚形式。（　　　）

4）挂红牌的对象可以是材料、产品、机器等，但绝不能针对个人。（　　　）

5）定置管理法就是把物品固定地放置。（　　　）

6）定置管理法太浪费时间，不如随意取放方便、省时。（　　　）

7）限制库存最好的办法就是要根据生产计划来采购物品，留有合理的库存。（　　　）

8）看板展示法的原理就是将拉动式生产改变为推动式生产。（　　　）

9）识别管理法的范围包括人员、物料、设备、作业方法、环境等。（　　　）

六、评价反馈

表 4-18　个人自评表

序号	评价内容	期望目标	未达目标的改善
1	定点摄影法		
2	油漆作战法		
3	看板管理法		
4	红牌作战法		
5	寻宝活动法		
6	定置管理法		
7	标志大行动		
8	识别管理法		

学习心得：

_____

_____

_____

_____

实 操 篇

生产现场整理

一、项目目标

1. 知识目标

1）理解整理的含义、目的与对象。

2）明确整理的三个判断基准。

3）掌握整理的实施步骤。

2. 能力目标

1）具备判定物品"要"与"不要"的能力。

2）能够根据频率确定法确定物品的保管场所。

3）学会按步骤对生产现场开展整理。

3. 素养目标

1）培养善于发现问题，并从根本上解决问题的能力。

2）培养选择正确的人生信仰和价值观。

3）培养坚持不懈、永不放弃的精神。

二、项目引入

请思考：日常生活中你是否存在以下心理？

1）不用的东西不舍得扔，总觉得以后或许会有用？

2）遇到打折的物品就想多买一些，以后急用就不用愁了？

事实上，一些不明确或者假设的心态，往往会造成空间和成本的浪费，而通过整理活动便可以有效地避免这种现象。

三、重点和难点分析

1. 重点

整理的三个判断基准。

2. 难点

整理的实施步骤。

四、相关知识链接

1. 整理的含义

整理是指将必需品与非必需品区分开，清理非必需品，在岗位上只放

微课 5-1
整理的含义

置必需品的活动。整理是5S活动实施的第一步，企业通过整理活动可以腾出更多的空间。

2. 整理的目的

在进行整理之前，员工首先需明白企业为什么要开展整理工作，不整理的话会造成哪些浪费，整理的话会给企业带来什么样的好处。

微课 5-2
整理的目的与对象

（1）因缺乏整理而产生的浪费

1）零件或产品因过期而不能使用，造成资金浪费。

2）残余物料、待修品和报废品滞留现场，造成空间浪费。

3）保管大量闲置物品，造成财力和人力浪费。

4）不能立刻找到工具箱里的工具，造成时间和精力浪费。

因此，企业为了减少浪费，需要安排人员对这些地方和物品进行整理，以便节省大家的时间和精力，同时腾出更多的物品存放空间。

（2）整理的作用

1）有利于减少库存，节约资金。如果非必需品不经常清理，即使宽敞的工作场所也将越来越小，公司将要建设各种名目的仓库，甚至要不断地扩建厂房。同时，货品杂乱无章地摆放也会增加盘点的难度，甚至使盘点精度大打折扣，使得成本核算失准。通过整理，就会避免重新采购带来的资金浪费，同时还有利于进行库存控制。

2）腾出空间，改善和增加作业面积。生产现场经常有一些残余的物料、待修品、待返品、报废品等，既占据现场的空间又阻碍现场的生产。因此，必须将这些东西从生产现场整理出来，以便留给作业人员更多地作业空间并方便其操作。

3）减少碰撞机会，提高产品质量。现场有无法使用的工装夹具、量具、机器设备等，如果不及时清理，时间长了会使现场变得凌乱不堪、灰尘堆积，对于无尘要求相当高的场所，将直接影响产品质量。通过整理，可以把这一质量影响因素消除。

4）消除混放、混料等差错事故。大量零部件杂乱无章地堆放在一起，管理难，易产生差错。通过整理，可消除管理上的混放、混料等差错事故。

5）塑造清爽的工作场所。通过员工亲自参加整理，使现场变得明亮、整洁。同时，清爽的工作现场也会使员工心情舒畅，工作热情持续高涨。

3. 整理的对象

整理的对象十分广泛，像仓库、车间、室内外通道、广告栏、工装设备、零组部件、产品等都可以作为整理的对象。当然，除生产现场，办公室、会议室等很多场所都可以进行整理。针对这些对象，首先要有发现问题的能力，如判断物品的使用日期是否明确、物品是否还具有使用价值、装配零件是否多余等，最后根据具体的问题，对物品进行处理。

◇　启示角
发现问题是一种很重要的能力。善于发现问题，你才能够主动地去克服自己生活和工作当中遇到的麻烦，对自己的人生有所选择，对工作有所帮助。换句话说，没有接收到问题就不会采取任何行动，解决问题的出发点就是要发掘出问题所在。

在整理过程中，具体的整理对象按照使用频率可划分为图5-1所示的四类。

通常常用物品放在工作区内，保证随手可得；偶用物品置于车间内，如各摆放区；少用物品放在集中场所，如仓库；无用物品则进行变卖或丢弃。

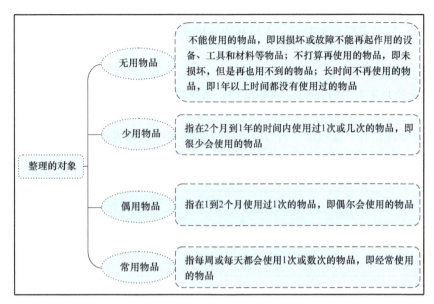

图 5-1 整理对象的分类

企业需要定期对物品按照上述类型进行整理，如果对这些物品置之不理的话，它们的数量只会越来越多。

4. 整理的三个判断基准

整理的关键在于制定合理的判断基准。如果没有基准，员工就无法操作；没有基准，就难以取舍。之所要要建立基准，就是为了做到在不同的工厂、不同的地点、不同的员工，都能按照一个统一的要求去完成工作。生产现场整理活动的基准建立对于正确有效地开展 5S 活动特别重要。

微课 5-3
整理的三个
判断基准

◇ 启示角
基准的建立对于正确有效地开展 5S 活动特别重要。人生的基准就是信仰问题和价值观问题，人生的一切都是随着基准展开的。选择了不同的基准，就有了不同的人生走向，不同的人生价值观和生活作风。

案例 5-1
人生基准

在整理的过程中有三个非常重要的基准：要与不要的基准、保管场所的基准、废弃处理的基准。

（1）要与不要的基准　在整理过程中，对"要"与"不要"的物品必须制定相应的判断基准，以便让员工根据标准表实施大扫除。在制定基准时，一定要考虑企业的实际情况。在判别必需品和非必需品时，应根据物品的使用价值而非物品的购买价格。

1）必需品与非必需品。

必需品：指经常使用的，没有它必须购入替代品，否则影响正常工作的物品。但是要注意：即使是必需品，也不可保存太多。

非必需品：一种是使用周期较长的物品，另一种是对目前的生产或工作无任何作用的，需要报废的物品。

对于不能确定今后是否还会使用的物品，可以根据实际情况决定一个保留期限，先暂时保留一段时间，等过了保留期限后，再将其清理出现场。

2）非必需品的判定步骤。

① 将非必需品摆放在某一个指定的场所，并在这些物品上贴上红牌。

② 由指定的判定者对等待判定的物品进行最终的判定，决定将其卖掉、挪用、修复或修理等。

工厂里需要判定的对象很多，可以根据对象物的不同，按表5-1分层次确定相应的判定负责人。

表5-1　非必需品的判定负责人

对象物	判定负责人	
	初步	最终
一般物品	班组长	主管
零部件	主管	经理
机器设备	经理	总经理

也可以统一由5S推行委员会来判定，或者可设计一个有效的判定流程，由各个不同部门对各类物品进行判定。

判定的注意事项如下：

· 对那些贴有非必需品红牌的物品，要约定判定的期限，判定的拖延将会影响5S活动的进行，因此，要迅速对这些物品进行判定，以便后续处理工作的完成。

· 当那些贴有非必需品红牌的物品被判定为有用物品时，要及时向物品所属部门具体说明判定的依据或理由，并及时进行重新安置和摆放。

非必需品处理清单及不要物品申报清单分别见表5-2、表5-3。

表5-2　非必需品处理清单

序号	非必需品名称	规格	数量	参考价格	存放地	判定	处置

表5-3　不要物品申报清单

序号	物品名称	规格	数量	不用原因	部门处理意见	总经理处理意见	备注

表 5-4 所示的是某公司"要"与"不要"物品的判断基准。

表 5-4 ××公司"要"与"不要"物品的判断基准

"要"或"不要"		具体物品
要		正常的机器设备、电器装置 工作台、板凳、材料架 正常使用的工装夹具 尚有使用价值的消耗品 原材料、半成品、成品 办公用品 各种使用中的海报、简报 有用的图样、工艺文件、书报杂志 其他必要的私人用品
不要	无使用价值的物品	不能继续使用的旧手套、破布、砂纸 损坏了的钻头、磨石 断了的锤、套筒、刃具等工具 精度不准的千分尺、卡尺等测量工具 不能使用的工装夹具 破烂的垃圾桶、包装箱 过时的报表、资料，停止使用的标准书 枯死的花卉 无法修理好的器具、设备，过期、变质的物品
	不再使用的物品	目前已不生产的产品的零件或半成品 已经无保留价值的试验品或样品 多余的办公桌椅 已经切换机种的生产设备 已经停产产品的原材料
	多余的 装配零件	没必要装配的零件 能共通化的尽量共通化 设计时，从安全、品质、操作方面考虑，能减少的尽量减少
	造成生产不便的物品	取放物品不便的盒子 为搬运、传递而经常要打开或关上的门 让人绕道而行的隔墙
	库存积压的 产品	已经过时的、淘汰的产品 预测失误造成生产过剩的产品 因锈蚀等原因不能销售的产品 有致命缺陷的产品 积压的、不能流通的特殊产品

（2）保管场所的基准　这是指在什么地方放置物品的判断基准。根据物品的使用次数、使用频率来判定物品应该放在什么地方才合适。但是，要注意不能按照个人的经验来判断，否则无法体现出 5S 管理的科学性。

频率确定法是根据物品的使用频率来实施整理的一种行之有效的方法。整体原则是：使用频率高的物品就近放置；使用频率不高的物品放置远一些；频繁使用的物品则根据使用顺序进行放置。物品的使用频率与放置方法见表 5-5。

表 5-5　物品的使用频率与放置方法

类别	使用频率		放置方法	备注
必需品	每小时		放工作台上或随身携带	
	每天		现场存放（工作台附近）	
	每周		现场存放	
非必需品	每月		仓库存储	
	三个月		仓库存储	定期检查
	半年		仓库存储	定期检查
	一年		仓库存储（封存）	定期检查
	两年		仓库存储（封存）	定期检查
	未定	有用	仓库存储	定期检查
		不需要用	变卖或废弃	定期清理
	不能用		变卖或废弃	立刻废弃

（3）废弃处理的基准　工作失误、市场变化、设计变更等因素，有许多是企业或个人无法控制的。因此，非必需品是永远存在的。非必需品的处理方法如图 5-2 所示。

图 5-2　非必需品的处理方法

1）废弃。对那些实在无法发掘其使用价值的物品，必须及时实施废弃处理。处理要在考虑环境影响的基础上，从资源再利用的原则出发，如可由专业公司回收处理等。

2）变卖。

① 由于销售、生产计划或规格变更，购入的设备或材料等物品用不上，对这些物品可以考虑和供应商协商退货，或者以较低的价格卖掉。

② 若该物品有使用价值，但可能涉及专利或商业机密，则应按企业具体规定进行处理；若该物品只是一般废弃物，在经过分类后可将其出售。

③ 若该物品没有使用价值，可根据企业的具体情况进行折价出售，或作为培训、教育员工的工具。

3）改用。将材料、零部件、设备、工具等改用于其他项目或其他需要的部门。

4）维修。对不良品或故障设备进行修理、修复，恢复其使用价值。

处理废弃物品时要注意以下两点：

① 实施处理要有决心。不要犹豫不决，拖延时间，影响 5S 工作的进程。

② 正确认识物品的使用价值。对非必需品加以处置是基于对物品使用价值的正确判断，而非当初购买物品的价值费用。一件物品不管当初购买的费用怎样，只要现在是非必需品，

没有使用价值，并且在可预见的将来也不会有明确的用途，就应下决心将其处置。

5. 整理的实施步骤

（1）做好教育工作　通过教育，让员工明白无用物品的摆放所造成的浪费远远大于它们潜在的利用价值，必须把看得到和看不到的物品进行彻底的整理。

微课 5-4
整理的实
施步骤

（2）现场检查　全面的检查可以使自己对自己和周边的工作场所有一个全面的了解，清楚工作场所内的所有工具设备和物品，这是整理的基础性工作。检查内容包括各种有形和无形的东西、看得见和看不见的地方，特别是不引人注意的地方。现场检查内容见表 5-6。

表 5-6　现场检查内容

办公场地	办公室抽屉、文件柜中的文件、书籍、档案、图表,办公桌上的物品、测试品、样品,公共栏、看板,墙上的标语、月历等
地面	机器设备、大型工装夹具,不良的半成品、材料,置放于各个角落的良品、不良品、半成品,油桶、油漆、溶剂、黏结剂,垃圾桶,纸屑、竹签、小部件
室外	堆在场外的生锈材料,料架、垫板上的未处理品,废品、杂草、扫把、拖把、纸箱
工装架	不用的工装、损坏的工装、其他非工装之物品,破布、手套、乙醇等消耗品,工装（箱）
仓库	原材料、废料、储存架、柜、箱子、标志牌、标签、垫板
天花板	导线及配件、单位部门指示牌、照明器具

（3）进行定点摄影　定点摄影就是整理前对现状进行拍照，以便与整理后的状况进行对比，使整理的效果显现出来。

（4）清除非必需品　工作场所全面检查并实施定点摄影后，要将所有的物品逐一判别，哪些是"必需"的，哪些是"非必需"的，然后清除那些占用生产现场空间，还会影响判断、降低工作效率的物品。

（5）处理非必需品　为维持整理活动的成果，企业最好建立一套非必需品申请、判断、实施以及后续管理的程序和机制。建立物品废弃的程序是为了给整理工作的实施提供制度上的保证，即制定标准，明确物品废弃的提出、审查、批准和处理办法，程序如下：

1）物品所在部门提出废弃申请。

2）技术或主管部门确认物品的利用价值。

3）相关部门确认再利用的可能性。

4）财务等部门确认。

5）高层负责人进行最终的废弃处理认可。

6）由指定部门实施废弃处理，填写废弃单，保留废弃单据备查。

7）由财务部门做账面销账处理。

（6）整理效果检查　整理工作结束后，要对整理效果进行检查，发现有问题要及时发出整改通知，督促改正。

（7）反复进行，定期整理　物品、工具和材料等现在能用到的，半年或一年后不一定还能用；产品的更新换代也会产生很多不用的零部件；材料、票据等超过了使用期限也会成为无用品。因此，随着时间的推移，工作场所中不需要的物品还是会再次出现，所以整理是一个永无止境的过程，贵在日日做，时时做。

◇ **启示角**

正所谓"花无百日红，人无千日好。"整理活动不是阶段性的，而是一项持久性的工作。这世间的一个基本法则就是变化，我们不仅仅要去适应变化，而且要尽自己最大可能去掌控变化。这种掌控力一定是源自于你不断地、持续地去让自己变得更好。如何不断地、持续地让自己变得更好呢？需要我们通过长期的、或大或小的量的行为的累积来推动，从而形成质的变化。所以，具备坚持不懈、永不放弃的精神非常重要。

五、任务实施

1. 任务分组

表5-7 学生任务分配表

班级		组号		指导教师	
组长		学号			
组员	姓名	学号	姓名	学号	
任务分工					
完成生产现场的整理					

表5-8 填写任务单

项目名称			完成时间	
序号	任务名称		技术标准、质量要求	
1	整理的三个判断基准		合理判定物品"要"与"不要" 根据频率确定法确定物品保管场所 准确处理"不要"物品	
2	整理的实施步骤		按步骤对生产现场开展整理	
下达任务时间				
接受任务时间		接单人		小组

2. 熟悉任务

任务工作单 5-1

组号：

姓名：

学号：

引导问题 1：什么是"必需品"和"非必需品"？

_____

引导问题 2：整理是不是就是将散乱的东西排列整理好？

_____

引导问题 3：整理是不是就是扔东西？

_____

引导问题 4：整理过程中，太贵的东西是不是要尽量留下来？

_____

引导问题 5：整理是不是做到"眼不见为净"就好了？

_____

◇　启示角
"善治病者，必医其受病之处；善救弊者，必塞其起弊之源。"不仅仅是 5S 管理，无论是治病就医或是社会治理、深化改革，都要追根溯源，从本质上扭转弊病、从根源上转危为安。

引导问题 6：整理过程中，必需品是不是可以多保存一些？

_____

_____

_____

3. 合作探究

任务工作单 5-2

组号：

姓名：

学号：

引导问题 7：在判断"必需品"和"非必需品"时，不确定物品今后是否使用怎么办？

_____

_____

引导问题8：什么是频率确定法？

_____

引导问题9：如何处理非必需品？

_____

_____

_____

引导问题10：整理的基础性工作是什么？

_____

_____

引导问题11：什么是定点摄影法？

_____

_____

引导问题12："非必需品"的判定步骤是什么？判定者是谁？注意事项有哪些？

_____

_____

_____

引导问题13：根据频率确定法，确定物品的放置方法，并填写表5-9。

表 5-9　根据频率确定法确定物品的放置方法

使用频率	放置方法	使用程度
一年以上不使用的物品		低
使用频率半年以上的物品		
使用频率较少的物品（1~2个月）		中
每周使用一次的物品		
每天使用的物品		高
随时使用的物品		

引导问题14：处理废弃物品时，有哪些注意事项？

_____

_____

引导问题15：物品的废弃程序如何建立？

_____

_____

引导问题 16：小组讨论制订整理活动推行方案（包含目的、要领、步骤等）。

_____

_____

_____

_____

_____

_____

_____

_____

_____

_____

_____

_____

六、拓展与巩固

1. 拓展知识

整理活动的具体检查内容

（1）检查内容：作业台、椅子

不良现象：

- 不用的作业台、椅子也放在现场。
- 杂物、私人物品藏在抽屉里或台垫下面。
- 当天不用的材料、设备、夹具堆放在台面上。
- 材料的包装袋、盒子用完后仍放在台面上。

推行注意事项：

多注意被锁住的柜子内、桌底、桌顶一些平常不注意、容易隐藏的地方。

（2）检查内容：货架

不良现象：

- 现场到处都有货架，几乎变成临时仓库。
- 货架大小与摆放场所的大小不相适应，或与摆放之物不相适应。
- 不用的货物、设备、材料都堆放在上面。

推行注意事项：

将该区域进行三次整理工作后分类。

（3）检查内容：通道

不良现象：

- 弯道过多，机械搬运车辆通行不便。
- 行人通道和货物通道混用。

- 作业区与通道混在一起。

推行注意事项：

确认区域规划的合理性。

（4）检查内容：设备

不良现象：

- 现场有不使用的设备。
- 残旧、破损的设备有人使用，没人维护。
- 过时老化的设备仍在勉强运作。

推行注意事项：

确认设备是否需要专业部门鉴定，防止万一可使用的设备被丢弃。

（5）检查内容：办公台

不良现象：

- 办公台多过作业台，几乎所有管理人员都配有独立办公台。
- 每张办公台都有一套相同的办公文具，未能共用。
- 办公台台面干净，抽屉里杂乱无章。
- 不能用的文具也在台上。
- 私人物品随意放置。
- 茶杯、烟灰缸放在上面。
- 堆放了许多文件、报表。

推行注意事项：

能少不用多。

（6）检查内容：文件资料

不良现象：

- 各种新旧版本并存，分不清孰是孰非。
- 过期的仍在使用。
- 需要的人员没有，无关人员反倒持有。
- 保密文件未做管理，任人阅读。
- 个人随意复印留底。

推行注意事项：

注意文件夹内文件的整理，注意电子文档类文件的管理。

（7）检查内容：公共场所

不良现象：

- 空间用来堆放杂物。
- 洗涤物品与食品混放。
- 消防通道堵塞。
- 排水、换气、调温、照明设施存在问题。

推行注意事项：

注意垃圾场堆放整齐；注意公共场所各个角落的空箱、来货区的区域规划。

2. 巩固自测

（1）单选题

1）整理是根据物品的（　　）来决定取舍的。

A. 购买价值　　　　B. 使用价值　　　　C. 是否占用空间　　　　D. 是否能卖好价

2）关于整理的定义，正确的是：（　　）

A. 将工作场所内的物品分类，并把不要的物品清理掉，将生产、工作、生活场所打扫干净

B. 将所有的物品重新摆过

C. 区别要与不要的东西，工作场所除了要用的东西以外，一切都不放置

D. 将物品分区摆放，同时做好相应的标识

3）以下（　　）是整理的例子。

A. 所有东西都有标志，30秒内可以找到

B. 储藏的透明度和防止出错的方法

C. 扔掉不需要的东西

D. 个人清洁责任的划分及认同

4）整理阶段是根据（　　）对物品进行分类的。

A. 生活用品与劳保用品　　　　　　　　B. 必需品与非必需品

C. 工装夹具与模具　　　　　　　　　　D. 合格品与不合格品

（2）多选题

1）有关物品的保管场所，正确的有（　　）

A. 常用的物品，放置于工作场所的固定位置或近处

B. 会用但不常用的物品，放置于仓库或储存室

C. 很少使用的物品放置在工作场所内固定的位置

D. 不能用或不再使用的物品，废弃处理

2）整理的目的包括（　　）

A. 腾出空间，改善和增加作业面积

B. 减少磕碰机会，提高产品质量

C. 消除管理上的混放、混料等差错事故

D. 有利于减少库存，节约资金

3）以下（　　）是非必需品的处理方法。

A. 将材料等改作他用　　　　　　　　　B. 对故障设备进行修理、修复

C. 将购入的设备或材料作价卖掉　　　　D. 对于实在无使用价值的物品进行废弃处理

（3）判断题

1）在整理的过程中有三个非常重要的基准：要与不要的基准、保管场所的基准、废弃处理的基准。（　　）

2）明确保管场所的基准，可以按照个人的经验来判断。（　　）

3）必需品指的是经常使用的，没有它必须购入替代品，否则影响正常工作的物品，所以必需品可以保存的尽量多一些。（　　）

4）对于非必需品加以处置是基于对物品使用价值的正确判断，而并非当初购买物品的价值费用。（　　）

5）整理说白了就是扔东西。（　　）

6）作业指导书、工具等可以摆放于工作场所的任何位置。（　　）

7）整理最主要是针对空间不被浪费。（　　）

8）各类不合格品、报废品必须及时清理、处置。（　　）

七、评价反馈

表 5-10　小组自评表

班级		组名		日期	年　月　日
评价指标	评价内容			分数	分数评定
信息检索	能否有效利用网络、课本等查找有用的相关信息 能否用自己的语言有条理地去解释、表述所学知识			10分	
感知工作	是否熟悉工作岗位，认同工作价值 在工作中是否能获得满足感			10分	
参与态度	是否积极主动参与工作，能吃苦耐劳，崇尚劳动光荣、技能宝贵 与教师、同学之间是否相互尊重、理解、平等 与教师、同学之间是否能够保持多向、丰富、适宜的信息交流			10分	
	能否探究式学习、自主学习不流于形式，处理好合作学习和独立思考的关系，做到有效学习 能否提出有意义的问题或能发表个人见解 能否按要求正确操作 能够倾听别人意见、协作共享			10分	
学习方法	是否学习方法得体，有工作计划 是否获得了进一步学习的能力			10分	
工作过程	平时上课的出勤情况和每天完成工种任务情况 是否善于多角度分析问题 能否主动发现、提出有价值的问题			15分	
思维态度	是否能发现问题、提出问题、分析问题、解决问题、创新问题			10分	
自评反馈	是否按时按质完成工作任务 是否较好地掌握了专业知识点 是否具有较强的信息分析能力和理解能力 是否具有较为全面严谨的思维能力并能条理清楚、明晰，表达成文			25分	
自评分数					
有益的经验和做法					
总结反馈建议					

表 5-11　小组互评表

班级		组名		日期	年　月　日
评价指标	评价内容			分数	分数评定
信息检索	该组能否有效利用网络、图书资源、工作手册查找有用的相关信息等			5分	
	该组能否用自己的语言有条理地去解释、表述所学知识			5分	
	该组能否将查到的信息有效地传递到工作中			5分	
感知工作	该组是否熟悉工作岗位,认同工作价值			5分	
	该组成员在工作中是否能获得满足感			5分	
参与态度	该组与教师、同学之间是否相互尊重、理解、平等			5分	
	该组与教师、同学之间是否能够保持多向、丰富、适宜的信息交流			5分	
	该组能否处理好合作学习和独立思考的关系,做到有效学习			5分	
	该组是否能提出有意义的问题或能发表个人见解,能够倾听别人意见、协作共享			5分	
	该组能否积极参与,在生产现场整理过程中不断学习,综合运用信息技术的能力得到提高			5分	
学习方法	该组的工作计划、操作技能是否符合现场管理要求			5分	
	该组是否获得了进一步发展的能力			5分	
工作过程	该组是否遵守管理规程,操作过程是符合现场管理要求			5分	
	该组平时上课的出勤情况和每天完成工作任务情况			5分	
	该组成员是否善于多角度分析问题,能主动发现、提出有价值的问题			15分	
思维态度	该组是否能发现问题、提出问题、分析问题、解决问题、创新问题			5分	
自评反馈	该组是否能严肃认真地对待自评,并能独立完成自测试题			10分	
互评分数					
简要评述					

表 5-12　教师评价表

班级		组名		姓名	
出勤情况					
评价内容	评价要点	考察要点		分数	分数评定
1. 任务描述	口述内容	(1)表述仪态自然、吐字清晰		10分	表述仪态不自然或吐字模糊扣1分
		(2)表达思路清晰、层次分明、准确			表达思路模糊或层次不清扣1分
2. 熟悉任务	理解整理的含义;分组分工	(1)整理含义理解准确		20分	表达思路模糊或层次不清扣1分
		(2)分组分工明确			知识不完整扣1分,分工不明确扣1分

（续）

评价内容	评价要点	考察要点	分数	分数评定
3. 合作探究	三个判断基准	非必需品的判定	30分	一处表达不清楚或层次不清扣1分，扣完为止
		频率确定法		
		非必需品的处理		
		物品的废弃程序		
	实施步骤	整理活动推行方案	25分	一处表达不清楚或层次不清扣1分，扣完为止
4. 总结	任务总结	(1)依据自评分数	2分	
		(2)依据互评分数	3分	
		(3)依据个人总结评分报告	10分	依据总结内容是否到位酌情给分
合计			100分	

学习心得：

_____

_____

_____

_____

_____

项目六

生产现场整顿

一、项目目标

1. 知识目标
1）理解整顿的作用。
2）明确整顿的"三定"原则。
3）掌握整顿的推行步骤。

2. 能力目标
1）具备对生产现场物品进行"三定"操作的能力。
2）能够根据现场不同的物品实行合理的整顿操作。
3）学会按步骤对生产现场开展整顿。

3. 素养目标
1）培养认识自我定位的重要性。
2）培养锲而不舍、持之以恒的精神。
3）培养敢于试错、不断调整的处世态度。

二、项目引入

请思考：在杂乱无序的工作环境中，如果没有做好整顿工作可能会造成几种浪费？

三、重点和难点分析

1. 重点
整顿的"三定"原则。

2. 难点
整顿的推行步骤。

四、相关知识链接

1. 整顿的含义
整顿是把需要的事、物加以定量和定位。通过上一步整理后，对生产现场需要留下的物品进行科学合理的布置和摆放，以便最快速地取得所要之物，在最简捷、有效的规章、制度、流程下完成工作。

生产现场物品的合理摆放使得工作场所一目了然，整齐的工作环境有

微课 6-1
整顿的含义、
作用与实
施要领

利于提高工作效率，提高产品质量，保障生产安全。

2. 整顿的目的

1）使工作现场一目了然。

2）减少寻找物品的时间。

3）建立整整齐齐的工作环境。

3. 整顿的好处

因缺乏整顿而产生的各种常见的浪费：

1）寻找时间的浪费。

2）停止和等待的浪费。

3）多余购买造成的浪费。

4）计划变更造成的浪费。

5）交货期延迟造成的浪费。

为消除以上浪费就必须要加强整顿，整顿可以带来很多好处。例如，降低寻找时间；提高工作效率；异常情况（如丢失、损坏）能马上发现，及时处理；创造一目了然的现场，就算不是本岗位的人员也能明白相应的要求和做法；不同的人去做，结果是一样的（已经标准化）。

4. 整顿的三要素

所谓整顿的三要素，指的是场所、方法和标识。判断整顿三要素是否合理的依据在于是否能够形成物品容易放回原处的状态，如图 6-1 所示。当寻找某一件物品时，能够通过定位、标识迅速找到，并且很方便将物品进行归位。

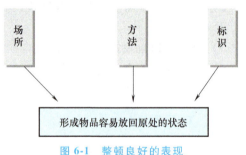

图 6-1 整顿良好的表现

（1）场所 物品的放置场所原则上要 100% 设定，物品的保管要做到"定点、定容、定量"。场所的区分，通常是通过不同颜色的油漆和胶带来加以明确：黄色往往代表通道，白色代表半成品，绿色代表合格品，红色代表不合格品。

5S 管理强调尽量细化，对物品的放置场所要求有明确的区分方法。如图 6-2 所示，使用胶带和隔板将物料架划分为若干区域，这样使得每种零件的放置都有明确的区域，从而避免零件之间的混乱堆放。

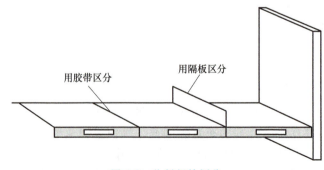

图 6-2 物料架的划分

（2）**方法**　整顿的第二个要素是方法。最佳方法必须符合容易拿取的原则。如图 6-3 所示，给出了两种将锤子挂在墙上的方法；显然第一种方法要好得多；第二种方法要使钉子对准小孔后才能挂上，取的时候并不方便。因此，现场管理人员应在物品的放置方法上多下功夫，用最好的放置方法保证物品的拿取既快又方便。

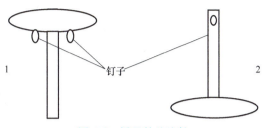

图 6-3　锤子挂法比较

（3）**标识**　整顿的第三个要素是标识。很多管理人员认为标识非常简单，但实施起来效果却不佳，其根本原因在于没有掌握标识的要点。一般来说，要使标识清楚明了，就必须注意要考虑标识位置及方向的合理性，公司应统一（定点、定量）标识，并在表示方法上多下功夫，如充分利用颜色来表示等。

5. 整顿的"三定"原则

整顿的"三定"原则分别是定点、定品和定量。

（1）**定点**　定点也称为定位，指根据物品的使用频率和使用便利性，决定物品所应放置的场所。使用频率高的物品，放置在距离工作场地近的地方；使用频率低的物品，放置在距离工作场所远的地方。通过对物品的定位，能够维持现场的整齐，从而提高工作效率。以使用时间区分物品如图 6-4 所示。

常用物品的定位方法如下：

1）机械设备和工作台。机械设备和工作台通常被固定在指定的位置上，不是特殊情况或进行区域再规划，一般是不移动的。在不移动的情况下，可不用画线定位；对需要移动的机械设备或工作台，需要画线定位。

常使用的定位手法有：

① 全格法。即依照物体的形状用线条框起来。如小型空气压缩机、台车、铲车的定位，一般用黄线或白线将其所在区域框起来，如图 6-5 所示。

② 直角法。即指定出物体关键角落。如小型工作台、办公桌的定位，有时在四角处用油漆画出定位框或用彩色胶带贴出定位框，如图 6-6 所示。

微课 6-2
整顿的"三定"原则

图 6-4　以使用时间区分物品

图 6-5　全格法

图 6-6　直角法

2）原材料、半成品、成品。这类物品在生产过程中是流动的，对于每一个个体而言，它们在某一工序完成后，一般都不再回到原来的摆放位置，故没有固定摆放位置，因此需要在工序附近划定摆放区域，区域与区域之间用区域线分开，以便这类物品到达时分别摆放。摆放时要做到"先进先出"，保持整齐，物品的边缘线要与区域线平行或垂直。

3）工具、夹具、量具、文件等。生产或工作过程中经常使用的这类物品通常被存放在各式各样的柜、台、架等固定位置上，使用的时候可以从其存放处取出，使用完毕放回原处。

常用的定位方法有形迹法，即依照物品的形状画出其外形轮廓，并按其定位，便于取用和归位。

4）办公文件。办公文件的定位通常采用斜线管理的方法。首先，将整理后的有用文件按不同的类别分别装入不同的文件夹，然后以斜线进行定位。归位时，如果文件不在原来的位置上，斜线将不在一条直线上；若缺失文件，斜线间会出现空档，如图6-7所示。

图6-7　办公文件的定位

（2）定品　定品是指将指定位置放置的物品给予标示，防止其他物品混杂在该区域，做到对号入座，目的是让所有人，甚至是新员工一眼就看出放置的物品是什么。物品的定品标签如图6-8所示。

（3）定量　定量就是确定保留在工作场所或其附近的物品的数量。按照市场经营的观点，在必要的时候提供必要的数量才是正确的。因此，物品数量的确定应该以不影响工作为前提，数量越少越好。通过定量控制，能够使生产有序，明显降低浪费。

定量的实施要点如下：相同的物品在包装方式上应尽量一致。相同容器所装的数量应该一致。要很明确地显示最大库存量及最小库存量，如最大库存量用红色，最小库存量用黄色。图6-9所示为液体数量管理。

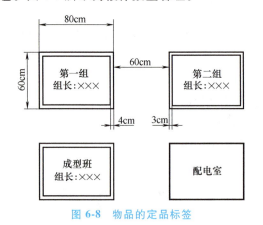

图6-8　物品的定品标签

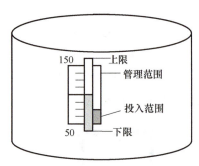

图6-9　液体数量管理

（4）三定原则的重要工具——形迹管理　为了对工具等物品进行管理，很多企业采用工具清单管理表来确认时间、序号、名称、规格、数量等信息。但是，使用工具清单管理表较为繁琐，而且无法做到一目了然。因此，有必要引入一种更为科学、直观的管理方法——

形迹管理。

形迹管理是将物品的形状勾勒出来，将物品放置在对应的图案上。如图 6-10 所示，画出每件工具的轮廓图形以显示工具放置的位置。这样有助于保持存放有序，某件工具丢失便立即能够显示出来。

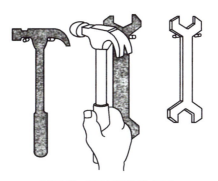

案例 6-1
形迹管理

图 6-10　形迹管理的应用

6. 整顿的推行步骤

（1）**分析现状**　员工取放物品要花费很多时间的原因，追根究底有以下几个，如图 6-11 所示。

图 6-11　物品取放分析现状

究其原因，未对现状进行分析。必须对必需物品的名称、物品的分类、物品的放置等情况进行规范化的调查分析，找出问题所在，然后对症下药。

微课 6-3
整顿的推
行步骤

（2）**物品分类**　在整顿时，要根据物品各自的特征进行分类，把具有相同特点或具有相同性质的物品划分到同一个类别，并制定标准和规范，以便为物品正确命名、标志。

（3）**决定放置场所**　通过画线等明确区分通道和作业区域；考虑搬运的灵活性；不要的物品要马上进行处理；不良品箱或不良品区域要明显，如用红色警示；油、甲苯等不能放于有火花作业的场所（危险物、有机物等应放在特定场所保管）；堆高时要限制高度（物品堆放高度超过一定安全限度时，一般应放于易取用的墙边）；有时将物品放在定位线外是无法避免的，这时就需要竖起"暂放"牌，牌上要标明理由、放至何时等信息。

（4）**确定放置方法**

1）放置时，尽可能便于物品的"先进先出"。

2）尽量利用架子，立体发展，提高空间利用率。

3）同类物品集中放置。

4）长条形物品横放，或束紧竖放。

5）危险场所应覆盖，或用栅栏隔离。

6）单一或少数不同物品避免集中放置，应个别分开定位。

7）架子、柜子内部要明显易见。

8）清扫器具以悬挂方式放置，下面要设有接水盘。

（5）物品的定位放置　按照放置场所和放置方法，将物品放在该放的地方，不要造成物品的放置不当或东零西落。

（6）做好标示　标示是整顿的最终步骤。宗旨就是以最少的时间和精力，达到最高效率、最高工作质量和最具安全性的工作环境。整顿"三定"目视检查表见表6-1。

表6-1　整顿"三定"目视检查表

分类	序号	着眼点	确认		对策改善案	完成日期
			OK	NO		
库存物品	1	定置点有定置看板吗				
	2	定量表示一目了然吗				
	3	物品的放置方法达到水平、平行、垂直、直角吗				
	4	定置点有立体化的余地吗				
	5	做到了先进先出吗				
	6	有防止物品间碰撞的缓冲材料吗				
	7	有防尘措施吗				
	8	物品会直接落地吗				
	9	不良品的保管有明确的地方吗				
	10	不良品放置有看板吗				
	11	不良品眼睛能看到吗				
工具、工装	12	工具、工装的场所定了吗				
	13	定置场所有三定看板吗				
	14	工具工装的名称或代号标识清楚吗				
	15	使用频率高的在附近吗				
	16	能按制品类别放置在工具箱内吗				
	17	是按照作业程序的放置方法吗				
	18	有作业指导书的工具、工装在指定的场所吗				
	19	工具、工装如果乱了，放置场所本身能评定吗				
	20	定置区能防止工具、工装乱放吗				
	21	能有通用的工具、工装吗				
	22	有没有替代手段				
	23	考虑取用方便吗				
	24	适用场所10厘米内的定置点能否决定				
	25	有没有离开10步以上的				
	26	是否要弯腰去取				
	27	吊起来可以吗				

（续）

分类	序号	着眼点	确认		对策 改善案	完成日期
			OK	NO		
工具、工装	28	即使不用看也能放回去吗				
	29	位置太宽泛吗				
	30	在使用中,不能替换吗				
	31	形迹整顿做了吗				
	32	色别整顿做了吗				
刀具	33	使用频率高的刀具放在近处吗				
	34	使用频率低的刀具是共用的吗				
	35	按产品成套放置吗				
	36	有防止碰撞的对策吗				
	37	取放时使用了斜板吗				
	38	拿取时有没有倒斜				
	39	有没有磨刀石				
	40	刀具有防绣对策吗				
计量测具	41	放置场所没有灰尘吗				
	42	放置场所有三定吗				
	43	有效使用期清楚吗				
	44	千分尺、千分表是否放在振动的场所				
	45	即使是很少振动的场合也铺一层缓冲材料吗				
	46	有衬套、螺纹等防止冲击的措施吗				
	47	直角尺等有吊起来防止变形吗				
油	48	油罐、加油枪、汽油口有颜色区分吗				
	49	油的种类有进行整合吗				
	50	油的放置场所有三定看板吗				
	51	通道上有放物品吗				
安全	52	板材等长的物品有立放吗				
	53	易倒的物品有支撑吗				
	54	物品的砌踩方法易倒吗				
	55	有限高要求吗				
	56	旋转部位有盖子吗				
	57	危险区域有栅栏吗				
	58	警戒标识清晰吗				
	59	灭火器的标识在哪儿都能看见吗				
	60	灭火器的放置方法正确吗				
	61	灭火器、消防栓前没放东西吗				
	62	交叉点有暂停标志吗				

7. 整顿的具体操作

（1）机械设备的整顿　机械设备常用的定位方法有全格法和直角法。

整顿要领为：设备旁必须挂有一些"设备操作规程""设备操作注意事项"等标识牌。设备的维修保养也应该做好相关记录。给予员工正确的操作指导，也可让客户对企业有信心。设备之间的摆放距离不宜太近，近距离摆放虽然可节省空间，却难以清扫和检修，而且还会相互影响操作而导致意外。把一些容易相互影响操作的设备与一些不易相互影响操作的设备做合理的位置调整，原则上尊重工艺要求，方便物流，方便清扫、操作和检修。在设备的下面加装滚轮，便可轻松地把设备推出来进行清扫和检修。应重视并遵守使用前能"立即取得"，使用后能"立刻归位"的原则。

微课 6-4
整顿的具
体操作 1

考虑能否将工具放置在与作业场所最接近的地方，避免取用和归位时过多的步行和弯腰。在"取用"和"归位"之间，要特别重视"归位"。需要不断地取用、归位的工具，最好采用吊挂式或放置在双手展开的最大极限之内。采用插入式或吊挂式归还原位，也要尽量使插入距离最短，且挂放方便、安全。

（2）工具的整顿

1）工装夹具等频繁使用物品的整顿。要使工具准确归还原位，最好以复印图、颜色、特别记号、嵌入式凹模等方法进行定位。工具最好能够按需分类管理。充分考虑能否尽量减少作业工具的种类和数量。螺钉共通化，螺母统一化等。

2）切削工具类的整顿。切削工具类，如各类刀具等，需重复使用，且搬动时容易发生损坏，在整顿时应格外小心。

整顿要领为：经常使用的，应由个人保存；不常用的，则尽量减少数量，以通用化为佳。先确定必需的最少数量，将多余的收起来集中管理。刀具存放时要方向一致，以前后方向直放为宜，最好能采用分格保管或波浪板保管，且避免堆压。可采用插孔式的方法，对刀锋加以防护，并省存放空间，且不会放错位置。注意防锈、抽屉或容器底层铺上易吸油类的绒布。

（3）危险品的整顿　危险物品的存放一定要按照危险品的存放要求和标准进行，如某类化学品必须存放在阴凉的地方，又或者某类化学品不能与某类物品一起存放等。这些相关的常识都应该了解清楚。化学用品的存放处应标明"使用规定""使用方法"及一些"注意事项"等，附近也应该具备一定的救护措施和张贴一些警示标语。化学品的标识应该注明化学品的类型、名称、危险情况及安全措施等。对使用一些有毒、有害、有腐蚀性及刺激性的化学用品，必须穿戴好防护衣、手套，以保安全。万一不慎沾及身体，应立即清洗；如感不适，应马上到就近医院就诊。

（4）在制品的整顿　从材料至成品动态的生产现场中，在制品是占据生产用地最多的物品之一，因此，在制品也是生产现场整顿的主要对象。在制品的数量规定：确定工序交接点、生产线和生产线之间的中继点所能允许的在制品标准存放量和极限存放量，指定这些标准存放量的放置边界、限高以及占据的台车数、面积等，并用清晰的标识以便周知。

微课 6-5
整顿的具
体操作 2

1）在制品的堆放要求。在现场堆放的在制品一般堆放在各类载具、搬运车、栈板上等，其在堆放时要求始终保持叠放整齐，边线相互平行或垂直于主通道。这样既使现场整齐美观，又便于随时清点，并确保在制品先进先出。

2）合理有效的搬运。当用有轮子的容器，如滚轮式输送带、旋转式搬送放置垫板或容器来搬运时，应考虑到搬运的方便。还可考虑用传送带来搬运。

3）在制品的品质保护。在制品在存放和移动中，要慎防碰坏刮损，应有缓冲物料作为间隔以防碰撞。堆放时间稍长的要加盖防尘罩，不可将在制品直接放在地板上。

4）不良品放置地应用红色标示。如果将不良品随意堆放，容易发生误用，所以要求员工养成习惯，一旦某物品被判定为不良品，应立即将其放置在指定场所。

（5）公告物的整顿　公告栏是工厂进行宣传以及张贴海报的区域，是宣传5S的一种有效、直观的工具。

1）墙壁上的海报、公告栏等的张贴要求。不能随处张贴，要设定张贴区域；未标示及超过期限的东西不可张贴；胶带遗留的痕迹一定要擦拭掉；公告物上端要取一定的高度平齐张贴，才会显得整齐划一。

2）标示看板。垂吊式看板，高度设定要统一；要固定好，以免被风吹动伤及路人。

3）检查表等。标准书、检查表、图画类等必须要从通道或稍远距离就可看到。

（6）仓库的整顿　仓库的整顿也要以定位、定量、定容来进行，并且遵循以下原则：

1）该不要的就不要，能放多少放多少，定量事先也测量，安全一定要保证。

2）对物料及成品进行分区、分架、分层。

3）设置仓库总看板，使相关人员对现况的把握能一目了然。

4）搬运工具进行定位，以便减少寻找时间。

5）严守仓库的门禁和发放时间。

6）相同的物品，在包装方式和数量上应尽量一致。

7）设定标准的量具来取量。

8）设定最高限量基准。

9）各种物料、成品的规格不一，因此要用不同的容器来装载。

10）对同类物品的装载，容器大小应尽量相同，不然，大小不一的容器不仅显得不整齐，同时也浪费空间。此外，容器的规格在选择时必须考虑搬动的方便与否。

◇　**启示角**

整顿必须持之以恒地坚持，杜绝"走过场""一阵风"现象的发生。"锲而舍之，朽木不折；锲而不舍，金石可镂。"做事情要持之以恒，不轻言放弃。

视频 6-6

整顿的执行标准

五、任务实施

1. 任务分组

表6-2 学生任务分配表

班级			组号			指导教师		
组长			学号					
组员	姓名	学号		姓名	学号			
任务分工								
完成生产现场的整顿								

表6-3 填写任务单

项目名称		完成时间	
序号	任务名称	技术标准、质量要求	
1	整顿物品的"三定"	合理对物品进行定点、定量、定名	
2	整顿的实施步骤	按步骤对生产现场开展整顿	
下达任务时间			
接受任务时间		接单人	小组

2. 熟悉任务

任务工作单6-1

组号：

姓名：

学号：

引导问题1：整顿中的"三定"是指什么？

_____

_____

引导问题2：整顿是要排除什么浪费？

_____

_____

引导问题 3：整顿的目的是什么？

_____

_____

引导问题 4：什么是整顿的三要素？

_____

_____

引导问题 5：整顿中定位的设计思路是什么？

_____

_____

◇　**启示角**

　　人生定位不是一成不变的，它可能随着时间和经历的改变而调整。愿意尝试新的事物，并准备接受失败和调整。试错和调整是找到真正适合你的定位的一部分。人生定位是一个个体化的过程，每个人的定位都不同。关键是保持开放和灵活，不断探索和调整自己的人生轨迹，找到与你的价值观和兴趣相契合的道路。

引导问题 6：形迹管理的好处是什么？

_____

_____

3. 合作探究

任务工作单 6-2

组号：

姓名：

学号：

引导问题 7：什么是看板管理？

_____

_____

引导问题 8：整顿的常用方法是什么？

_____

_____

引导问题 9：整顿的推行要领是什么？

_____

_____

_____

引导问题 10：整顿的基础性工作是什么？

_____

_____

引导问题 11：什么是定置管理？

_____

引导问题 12：定置管理具体包括哪些定置？

_____

引导问题 13：推行定置管理的程序是什么？

_____

引导问题 14：处理工具的"三定"时，有哪些注意事项？

_____

引导问题 15：生产工位的整顿与库房的整顿有什么异同？

_____

引导问题 16：小组讨论制订整顿活动推行方案（包含目的、要领、步骤等）。

_____

_____

_____

_____

_____

_____

六、拓展与巩固

1. 拓展知识

整顿评分检查表见表 6-4。

表 6-4　整顿评分检查表

序号	项目	内容	部门： 得分：			诊断者 　　　年　　　月　　　日		
			得分					
			0	1	2	3	4
1	物品管理	1. 料架、料车的管理					
2		2. 工具架、工具车规范					
3		3. 工作台、工作桌					
4		4. 更衣柜、鞋柜、茶杯柜					
5		5. 清扫工具柜					
6		6. 消防器具					
7		7. 物品放置容器（规格、颜色、完整性、流转性、编号、整洁度）					

（续）

序号	项目	内容	得分				
			0	1	2	3	4
8	物品管理	8. 搬运工具、搬运车辆					
9		9. 公布栏（栏目、公布时间、责任人）					
10		10. 看板（用途、材料、地点、责任人）					
11		11. 问题票袋的管理					
12	物品定位	1. 设备（特别是移动设备）					
13		2. 各种柜、架、工作台					
14		3. 工作用脚凳					
15		4. 办公用品					
16		5. 消防器具（区域颜色、使用标识）					
17		6. 物料的定位（不良品、良品、待用品等的区分）					
18		7. 配电柜、高温处、危险处					
19		8. 搬运、走动等须留意的台阶、门槛					
20		9. 公告栏的分区					
21		10. 开门线					
22		11. 出入线					
23		12. 搬动车位置					
24		13. 垃圾箱定位					
25	物品数量	1. 物料的最高、最低的存量管制					
26		2. 堆放限高量					
27		3. 搬运工具数量					
28		4. 工具数量					
29		5. 物品数量视具体情况进行调整					
30	标识	1. 公司区域图					
31		2. 车间的流程图					
32		3. 门牌标识（编号、颜色、名称、材料）					
33		4. 生产线的编号，名称指示					
34		5. 工具、器具标识					
35		6. 办公用品标识					
36		7. 资料柜、文件夹等标识					
37		8. 仓储平面示意图					
38		9. 作业标准					
39		10. 机器状态标识					
40		11. 离墙距离标识					
41		12. 限高标识					
42		13. 物品标识					

（续）

序号	项目	内容	得分				
			0	1	2	3	4
43		14. 管路颜色标识					
44		15. 管路名称、流向					
45		16. 控制开关标识					
46		17. 阀门的开、关标识					
47	标识	18. 转动部分转向标识					
48		19. 控制仪表的颜色标识					
49		20. 暂放标识					
50		21. 具体负责人标识					
51		22. 安全警示标识					

备注：

评分原则	没要求没执行	0
	部分要求部分执行	1
	有要求执行不到位	2
	有要求执行好	3
	没要求有执行	4

2. 巩固自测

（1）单选题

1）以下（ ）不属于整顿的实施要领。

A. 划线定位　　　　　　　　　B. 场所、物品的标识

C. 规定放置方法、明确数量　　D. 制定考评方法

2）整顿的"三定"原则是指：（ ）。

A. 定点、定方法、定标识　　　B. 定位、定品、定数量

C. 定容、定方法、定量　　　　D. 定点、定人、定方法

3）物品放置定位需（ ）。

A. 70%　　　　　B. 80%　　　　　C. 90%　　　　　D. 100%

4）整顿的目的是（ ）。

A. 工作场所一目了然　　　　　B. 消除寻找物品的时间

C. 井井有条的工作秩序　　　　D. 以上皆是

5）整顿主要是排除（ ）浪费。

A. 时间　　　　B. 工具　　　　C. 空间　　　　D. 包装物

6）堆放物品时，高度一般不超过（ ）。

A. 1.2 米　　　　B. 1.5 米　　　　C. 1.8 米　　　　D. 2 米

（2）多选题

1）在生产现场没有做好整顿工作通常会造成（ ）。

A. 寻找时间的浪费　　　　　　B. 停止和等待的浪费

  C. 认为本部门没有而盲目购买所造成的浪费

  D. 计划变更、交货期延迟产生的浪费

 2）整顿的作用包括（ ）。

  A. 将寻找时间降低   B. 及时发现并处理异常现象

  C. 提高工作效率   D. 创造一目了然的现场

 （3）判断题

 1）整顿是研究提高效率的科学，其真意在于流程合理化。（ ）

 2）整顿就是把物品排整齐好看，在必要时可以找到。（ ）

 3）一般来说，使用频率越低的物品，应该放置在距离工作场地越近的地方。（ ）

 4）定品的目的是让所有人，甚至是新员工一眼就能看出放置的物品是什么。（ ）

 5）通道线用于规范人、车、物料的通行，一般采用虚线。（ ）

 6）对消防器材或危险物品进行定位时，为达到警示效果，应使用红色线条。（ ）

 7）推行整顿的过程中应对物品放置的场所进行事先确定。（ ）

七、评价反馈

表 6-5　小组自评表

班级		组名		日期	年　月　日
评价指标	评价内容			分数	分数评定
信息检索	能否有效利用网络、课本等查找有用的相关信息 能否用自己的语言有条理地去解释、表述所学知识			10分	
感知工作	是否熟悉工作岗位，认同工作价值 在工作中是否能获得满足感			10分	
参与态度	是否积极主动参与工作，能吃苦耐劳，崇尚劳动光荣、技能宝贵 与教师、同学之间是否相互尊重、理解、平等 与教师、同学之间是否能够保持多向、丰富、适宜的信息交流			10分	
	能否探究式学习、自主学习不流于形式，处理好合作学习和独立思考的关系，做到有效学习 能否提出有意义的问题或能发表个人见解 能否按要求正确操作 能否倾听别人意见、协作共享			10分	
学习方法	是否学习方法得体，有工作计划 是否获得了进一步学习的能力			10分	
工作过程	平时上课的出勤情况和每天完成工种任务情况 是否善于多角度分析问题 能否主动发现、提出有价值的问题			15分	
思维态度	是否发现问题、提出问题、分析问题、解决问题、创新问题			10分	
自评反馈	是否按时按质完成工作任务 是否较好地掌握了专业知识点 是否具有较强的信息分析能力和理解能力 是否具有较为全面严谨的思维能力并能条理清楚、明晰，表达成文			25分	
自评分数					
有益的经验和做法					
总结反馈建议					

表 6-6　小组互评表

班级		被评组名		日期	年　月　日
评价指标	评价内容			分数	分数评定
信息检索	该组能否有效利用网络、图书资源、工作手册查找有用的相关信息等			5 分	
	该组是否能用自己的语言有条理地去解释、表述所学知识			5 分	
	该组是否能将查到的信息有效地传递到工作中			5 分	
感知工作	该组是否熟悉工作岗位,认同工作价值			5 分	
	该组成员在工作中是否能获得满足感			5 分	
参与态度	该组与教师、同学之间是否相互尊重、理解、平等			5 分	
	该组与教师、同学之间是否能够保持多向、丰富、适宜的信息交流			5 分	
	该组能否处理好合作学习和独立思考的关系,做到有效学习			5 分	
	该组是否能提出有意义的问题或能发表个人见解,能够倾听别人意见、协作共享			5 分	
	该组能否积极参与,在生产现场整顿过程中不断学习,综合运用信息技术的能力得到提高			5 分	
学习方法	该组的工作计划、操作技能是否符合现场管理要求			5 分	
	该组是否获得了进一步发展的能力			5 分	
工作过程	该组是否遵守管理规程,操作过程是否符合现场管理要求			5 分	
	该组平时上课的出勤情况和每天完成工作任务情况			5 分	
	该组成员是否善于多角度分析问题,能主动发现、提出有价值的问题			15 分	
思维态度	该组是否能发现问题、提出问题、分析问题、解决问题、创新问题			5 分	
自评反馈	该组是否能严肃认真地对待自评,并能独立完成自测试题			10 分	
互评分数					
简要评述					

表 6-7　教师评价表

班级		组名		姓名	
出勤情况					
评价内容	评价要点	考察要点	分数	分数评定	
1. 任务描述	口述内容	(1)表述仪态自然、吐字清晰	10 分	表述仪态不自然或吐字模糊扣 1 分	
		(2)表达思路清晰,层次分明、准确		表达思路模糊或层次不清扣 1 分	
2. 熟悉任务	理解整顿的含义;分组分工	(1)整顿含义理解准确	20 分	表达思路模糊或层次不清扣 1 分	
		(2)分组分工明确		知识不完整扣 1 分,分工不明确扣 1 分	

（续）

评价内容	评价要点	考察要点	分数	分数评定
3. 合作探究	整顿的"三定"原则	"三定"的含义	30分	一处表达不清楚或层次不清扣1分,扣完为止
		常用物品的定位方法		
		形迹管理		
		定置管理		
	实施步骤	整顿活动推行方案	25分	一处表达不清楚或层次不清扣1分,扣完为止
4. 总结	任务总结	(1)依据自评分数	2分	
		(2)依据互评分数	3分	
		(3)依据个人总结评分报告	10分	依据总结内容是否到位酌情给分
合计			100分	

学习心得：

_____

_____

_____

_____

_____

生产现场清扫

一、项目目标

1. 知识目标
1）理解清扫的含义、目的与对象。
2）明确清扫的要领。
3）掌握油漆作战法的实施。

2. 能力目标
1）具备对生产现场清扫与点检的能力。
2）能够根据需要进行现场油漆作业。
3）学会按步骤对生产现场开展清扫。

3. 素养目标
1）培养注重累积的习惯。
2）培养未雨绸缪的意识。

二、项目引入

请思考：日常的清扫与5S中的清扫有什么区别？

三、重点和难点分析

1. 重点
清扫的要领。

2. 难点
油漆作战法。

四、相关知识链接

1. 清扫的定义

清扫就是将工作场所和设备清理干净，保持工作场所和设备的干净、整洁。
清扫包含三个步骤：第一，要进行扫除；第二，要进行检查；第三，要进行维护。因为清扫即清除工作场所内的脏污并防止脏污的发生，保持工作场所干净亮丽，彻底的清扫很大程度上可以保持设备处在正常状态下运转。
5S活动离不开清扫现场，但绝不只是打扫卫生。在生产过程中，现场会不

微课 7-1
清扫的定
义与对象

断产生灰尘、油污、垃圾、切屑等，从而使现场变得脏乱不堪，脏污会降低设备精度，影响产品质量，影响员工心情。清扫还包括对设备进行点检。擦拭设备过程中，及时发现设备是否需要加油紧固，是否处于正常运转状态，所以从某种角度来说，"清扫就是点检"。要通过清扫活动来清除现场杂物，营造一个安全、舒适、整洁的工作环境，从而保证安全高效的生产。

> ◇　**启示角**
>
> "一屋不扫，何以扫天下。"成大事者需要从小事做起，脚踏实地，踏踏实实把每一件小事做好，方可取得大的成功。
>
> 实施清扫的过程中，很多人不屑于打扫卫生，认为那是清洁工的事情，与自己无关，其实并非如此。打扫卫生的过程也是发现问题的过程，注重每一个细节，注重累积，才能将清扫工作彻底做好。
>
> 无论是修身，齐家，还是心怀天下，都要从清扫和点检这样的小事做起。

案例 7-1
一屋不扫何
以扫天下

2. 清扫的目的

（1）**创建亮丽环境，保持良好心情**　很难想象，一个积满灰尘、脏、乱、差的工作环境，能够激发员工的工作热情。在条件恶劣的环境下工作，效率自然会大打折扣。所以，必须通过清扫活动来清除那些脏污、垃圾，创建一个清爽、亮丽的工作环境。

（2）**减少设备故障，减少工业事故**　在实际生产中，设备故障与工业事故是客观存在的。为了最大限度地提高企业的经济效益，其中相当重要的一点就是把设备故障次数降低到最低限度。假如其他条件都不变，减少了设备故障的次数，就是提高了设备运转率，就可以提高产量，降低消耗，从而降低成本。从理论上讲，设备故障次数的最低限度为零，此时设备的可利用时间达到百分之百。然而，设备运转过程中技术状态的变化是不可避免的，所以这种设想也就难以实现。但是，要使设备故障发生率尽可能降低并非不能实现。通过对设备全面彻底清扫、点检，可以减少设备故障、减少工业事故。设备清扫不充分可能带来的影响见表 7-1。

表 7-1　设备清扫不充分可能带来的影响

故障原因	回转部件、空压机、油压系统、电器控制系统、传感器等处脏污或混入异物,产生摩擦、阻抗、通电不良等,导致设备精度降低或误动作
品质不良	制品内混入异物或设备误动作,导致品质不良
设备劣化的原因	因异物、脏污产生松弛、龟裂、摩擦、断油导致设备劣化
速度低下的原因	因脏污引起松弛、摩擦、振动增加,导致设备能力下降或空转

灰尘虽小，但它的破坏作用却很大。机器上有灰尘，会造成氧化，会腐蚀设备而生锈，腐蚀、生锈易造成接口松动，造成脱落或零部件变形，甚至产生断裂，从而引发故障。清扫就是要让岗位以及机器设备没有灰尘。由灰尘到故障的演变过程是：灰尘→划痕→存水→电化学反应→锈蚀→松动→振动→疲劳→微裂纹→裂纹→断裂→故障。

◇ 启示角

任何事物内部的不同部分和要素是互相联系的，初始条件下微小的变化可能带动整个系统的长期、巨大的连锁反应。灰尘虽小，但是不清扫却有可能引起机械故障。所以，这就要求大家做事要坚持和学会用联系的观点观察和处理问题，并且要懂得未雨绸缪，防患于未然。

企业员工要去关心设备的微小变化，细致入微地对设备进行维护，为设备创造一个无尘化的使用环境，设备才有可能达到"零故障"。

（3）提高设备性能，稳定产品质量　企业在生产过程中会产生灰尘、油污、切屑、垃圾等，从而使现场变得脏污不堪。整理是因为多，整顿是因为乱，清扫是因为脏。多、乱、脏的现场会使设备精度降低，影响产品质量，使安全事故经常发生。通过清扫，一方面使设备经常得到保养，精度保持稳定；另一方面可以及时发现设备运行过程中的异常，防患于未然，从而在一定程度上可以稳定产品质量。

（4）打造无尘车间，提升产品品质　目前，国内出现了很多无尘化的"无人工厂"。"无人工厂"又叫作自动化工厂、全自动化工厂，是指全部生产活动由电子计算机进行控制，生产第一线配有机器人而无须配备工人的工厂。"无人工厂"能把人完全解放出来，而且能使生产率提高一二十倍。"无人工厂"是未来制造业工厂的一种发展方向。

无人化工厂并非真正没有人，而是自动化程度非常高，工人数量很少。高度自动化的企业若能真正保证无人运转顺利、稳定，首先就是要做到无尘。

3. 清扫的要领

（1）清扫的要求　清扫是5S管理保持常态化的本质，也是现场最基本的要求。具体体现在以下几个方面。

微课 7-2
清扫的实
施要点

1）明亮：干净整洁、物见本色。地面、墙面、玻璃、设备、管线、电器、备件、工机具、物品干净整洁，物见本色。清扫包括扫环境、扫现场、扫设备，保持干净整洁的操作环境，做到铁见光、沟见底、设备油漆见本色。

2）杜绝：跑冒滴漏。若发现，及时处理。

3）处置：设备异常。若发现，马上处理。

在清扫过程中发现问题，及时处置。一看螺钉是否松动、需要紧固；二看是否需要润滑、给油；三看电器仪表是否准确；四看设备运转是否异常；五看油压是否合理。通过"五看"确保实现设备稳定、生产顺利。

4）问责：责任到人、检查落实清扫中最重要的是明确责任、检查落实。

没有检查考核评价等于没有清扫。高标准清扫能够创建干净整洁、有序高效的现场。

（2）清扫的要素　为了确保责任到人，落实清扫，必须把握好清扫的七要素，即对象、责任人、方法、工具、周期、标准和检查人。

1）确定清扫对象。标识牌、区域线、通道线的日常维护应达到干净、整洁、完好，发现磨损要及时修复。生产现场常见污染发生源登记表见表7-2。特别要关注：

- 清扫从地面到墙面到顶棚的所有杂物。
- 彻底清扫设备及其周围，不要忘了工具箱和工具的清扫。
- 发现、消除区域及设备隐蔽处的脏污。

● 改善清扫困难源。

表 7-2　生产现场常见污染发生源登记表

	序号	车间	处所	发生源	描述
漏油	1	T1	板框	4 号油罐	使用的 4 号油罐漏油
	2	T2	耙式减速机	油封	减速机油封漏油严重
	3	T3	板框	油封	油封损坏,滴油
	4	T4	沸腾干燥	进出口阀门	阀门质量不好造成漏油
	5	热源站	油管道	焊缝	焊缝渗油

2）安排清扫责任人。确定清扫对象与区域后，要明确每个区域的负责人，进行区域划分，实行区域责任制，分配任务到人，责任到人，不留无人负责的死角。清扫区域划分表如图 7-1 所示。

3）确定清扫方法。现场环境复杂多变，要达到清扫标准、现场明亮，就必须根据实际，确定清扫方法，如粉尘较多的地面可以用水管冲洗，缺水的地方可以考虑用油推等。

4）准备清扫工具。进行彻底的清扫，必须配备专业的清扫工具。根据企业环境和机器设备的实际情况，准备好水桶、抹布、清洁剂、垃圾袋、吸尘器等清扫工具。针对墙面、可能出现问题的塑钢门窗，要用湿布擦净；针对油脂问题，要使用中性洗涤剂清洗；灰浆、残胶、油漆用铲、刮刀等除去。

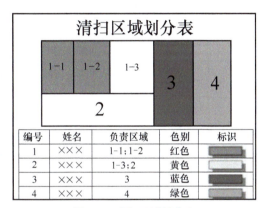

图 7-1　清扫区域划分表

① 清扫工具规范放置。对清扫用具要认真管理，不能让清扫用具成为污染的源头。清扫工具要整齐挂放，工具架要画线定置标识。各类清扫工具使用后，要选择合适的地方集中摆放，切不可随手乱放，否则不仅有碍现场美观，还会增加下次寻找工具的时间。

② 垃圾箱规范放置。设置分类垃圾箱，便于垃圾分类回收。垃圾分为可再生垃圾（塑料、金属等）和不可再生垃圾（生活垃圾）等。注意把生活垃圾和工业垃圾分开放置。在垃圾存放标准中，要画线标记出垃圾箱的倒入上限，做到及时清空，避免垃圾外溢。

③ 清洁工具就近放置。当发现地面有杂物、碎屑，想要进行打扫时，如果发现清扫工具放置过远，有可能因此而产生懈怠。因此，清洁工具要就近放置，便于取用。

5）明确清扫周期，确保次数，不留死角。根据现场的污染程度、清扫困难度及检查标准，确定现场各个区域、不同清扫对象的清扫周期和频次，以达到检查标准为目标。生产现场清扫点检表见表 7-3。

6）明确清扫标准。清扫首先要制定明确的清扫标准，以便于员工按照标准进行清扫，做到现场整洁明亮、无杂物、沟见底、水泥地面见本色。

7）清扫结果检查人。根据实际调查发现，即使明确了清扫区域和责任人等方面的要求，由于难以坚持，时间长了不容易做到按照要求去清扫，所以必须确定清扫结果检查人员。

表 7-3 生产现场清扫点检表

部门		工序				
检查者		日期				
分类	编号	检查项目	检查结果		对策和改进方案(期限)	
			是	否		
仓库	1	产品、零件和原材料上是否有灰尘				
	2	加工或清洗干净后的零件是否有锈斑				
	3	仓库内的货架是否干净、有灰尘				
	4	放置半成品的场所是否干净				
	5	搬运成品和半成品用的货箱是否有污物				
车间	6	设备的周围是否干净、有灰尘				
	7	设备下面是否有水、油污或垃圾				
	8	设备上是否有灰尘、污垢和油污				
	9	设备侧面或控制面板等部位是否有油污				

4. 油漆作战法

（1）原因 在清扫阶段，通常的做法是搞一次彻底的清扫，把看得见和看不见的地方都清扫干净。但是，仅仅做到这一点还是不够的。面临问题的问题有：

① 各类设施破损。

② 设备表面锈迹斑斑。

③ 地面、墙面油漆经常脱落等。

此时，单纯的清扫并不能解决问题。油漆作战即通过彻底清扫、修理及修复、全面油漆，以创造清新怡人的工作环境，使老旧的场所、设备、用具等恢复如新，给员工以信心。图 7-2 所示的是油漆作业效果图。

油漆前

油漆后

图 7-2 油漆作业效果

（2）实施

1）计划阶段：油漆作战的准备和标准的制定。

思考：计划阶段包括哪些内容？

① 决定对象区域、设备等。

② 对处理前的状况进行记录、照相等。

③ 标准的制定，即进行区域、通道的规划，决定不同场所所用油漆的颜色等。

④ 工具、材料的准备。

⑤ 参与人员和责任分工。

⑥ 学习涂刷油漆的方法（根据专家指导，制作油漆使用方法指导书）等。

2）试验阶段：示范区域、示范设备的试验。在全面涂刷油漆之前，要先选定一个示范区域或示范设备，按照事先决定的标准进行试验，目的是确认计划阶段所制定的标准是否合适。试验后可以在听取多方意见的基础上对计划中所列的标准进行修改。

3）推广阶段：油漆作战的全面展开。根据修改后的计划，具体安排和实施涂刷油漆活动。在此要注意：

● 选择合适的时机，不影响生产为前提。

● 涂刷之前要彻底清理设备、地面、墙面上的污物。

● 注意实施过程中的安全防范（防火，搬动中的保护，接触油漆溶剂过程中的安全等）。

5. 清扫的注意事项

清扫就是使现场达到没有垃圾、没有脏污的状态，这是清扫的第一目的。对于高品质、高附加价值产品的制造，更不能有垃圾或灰尘的污染，从而造成产品的不良。清扫实施应注意以下要点：

微课 7-3
清扫的注意事项

（1）清扫工作首先要进行责任化、标准化　责任化即明确责任和要求。在5S管理中，需要通过清扫责任表来确认责任。在责任表中，对清扫区域、清扫部位、清扫周期、责任人、清扫标准等都要明确要求。清扫一定要标准化，通过制定、发布和实施标准，达到清扫目的。

（2）不能简单地把清扫看成是打扫　清扫不仅仅是打扫，而是加工制造过程中的重要组成部分，清扫是要用心来做的。如对设备的清扫，应着眼于对设备的维护保养。清扫也是为了改善。当清扫地面发现有纸屑和油水泄漏时，要查明原因，从源头上对污染进行根治。打扫是表面的，而清扫是深层次的。

（3）清扫过后的废弃物要立即处理掉　在清扫过程中，往往会产生大量的废弃物品，对这些废弃物，要进行分类集中存放，集中处理，能回收残值的尽量回收，不能回收的要立即处理掉，不能扫干净一个地方，又弄脏了另外一个地方。

（4）清扫不仅仅是清洁工的事　在企业经常发现，不少员工把清扫理解为简单地去灰尘、打扫卫生、做表面文章，以为只要多请几个清洁工就能保持干净，这是一种错误的观念。除了洗手间和一些公共区域，如走廊、楼梯以外，所有车间、工段、办公桌，清扫工作必须由员工来做，才能实现清扫的真正目的。尤其是负责设备维护保养的人员，更要注意在设备维护的同时要清扫检查，以便及时发现隐患，加以解决。这样做，可以大大地提高设备的运转效率，预防事故的发生，减少不必要的损失。

◇ 启示角

人生就像一场旅行，每个人都在不断积累东西。这些东西包括你的名声、地位、关系、家庭纽带、健康、财务报表、知识等，也包括烦恼、担忧、压力、挫折、眼泪、征兆。这些东西有些是应该丢弃而没有丢弃的，有些是应该存储而没有存储的。
    问自己这个问题：我是不是每天都忙到累到没办法静下心来给自己做"大扫除"？
    经常性的清扫人生，才能轻装上阵。

五、任务实施

1. 任务分组

表 7-4　学生任务分配表

班级		组号		指导教师	
组长		学号			
组员	姓名	学号	姓名	学号	
任务分工					
完成生产现场的清扫					

表 7-5　填写任务单

项目名称			完成时间	
序号	任务名称		技术标准、质量要求	
1	清扫的含义、目的与对象		掌握点检的方法和步骤 掌握油漆作战法 明确清扫的要素	
2	清扫的实施		按步骤对生产现场开展整理	
下达任务时间				
接受任务时间		接单人		小组

2. 熟悉任务

任务工作单 7-1

组号：

姓名：

学号：

引导问题 1：什么是"清扫"和"点检"？

_____

_____

引导问题 2：清扫的关键注意点是什么？

_____

_____

引导问题 3：清扫是不是就是打扫卫生？

_____

_____

引导问题 4：清扫过程中，设备用不用清扫？

_____

_____

引导问题 5：清扫是不是只清扫能看得见的地方就好了？

_____

_____

引导问题 6：清扫的七要素是什么？

_____

_____

_____

3. 合作探究

任务工作单 7-2

组号：

姓名：

学号：

引导问题 7：在进行点检作业时，其步骤是什么？

_____

_____

_____

引导问题8：清扫的目的是什么？

_____

_____

引导问题9：什么是油漆作战法？

_____

_____

引导问题10：清扫的主要对象是什么？

_____

_____

引导问题11：化料罐表面及管路有生锈情况，这种现象是否属于清扫的工作内容？

_____

引导问题12：清扫区域的责任划分步骤是什么？

_____

_____

引导问题13：将清扫活动等同于简单的"卫生大扫除"的原因是什么？

_____

_____

引导问题14：油漆大作战时，有哪些注意事项？

_____

_____

引导问题15：清扫的标准应如何建立？

_____

_____

引导问题16：小组讨论制订清扫活动推行方案（包含目的、要领、步骤等）。

_____

_____

_____

_____

_____

六、拓展与巩固

1. 拓展知识

微课 7-4
清扫结果
的检查

清扫活动的具体检查内容

（1）检查内容：通道状况

不良现象：

- 有较多原料或成品碎渣等未及时清理。
- 绿色通道磨损未及时修理。
- 通道内管线有漏油情况。

推行注意事项：

通道清扫区域责任制，按时进行检查。

（2）检查内容：宣传栏

不良现象：

- 宣传栏损坏没有及时修理。
- 宣传栏表面太脏、灰尘积的太厚。
- 宣传栏内张贴的宣传材料撕损严重，未及时更新。

推行注意事项：

将宣传栏进行清扫，并安排负责人。

（3）检查内容：工具箱

不良现象：

- 工具箱（或更衣柜）等损坏（包括油漆褪色），没有及时修理。
- 工具箱中有垃圾、太多灰尘等，不干净。

推行注意事项：

确认工具箱清扫工作的正常进行。

（4）检查内容：厂房

不良现象：

- 冷却厂房、出炉口下面的轨道里等区域内，有较多油污。
- 炉前平台工具、桌椅、电焊机等有大片锈迹。

推行注意事项：

确认厂房区域是否需要油漆作业。

（5）检查内容：室内工作场所

不良现象：

- 现场办公室、小会议室、仪表室、配电室、磅房等室内场所，地面、桌椅等较脏、有垃圾未及时清理。
- 维修间值班室内工具摆放凌乱，没有明显的标识，桌椅、地面脏，有垃圾未及时清理。

- 液压室内地面较脏，有油污、灰尘等未及时清理。
- 损坏的玻璃没有及时更换。

推行注意事项：

及时点检现场办公用具情况，安排维修与清扫作业。

（6）检查内容：设备

不良现象：

- 没有按要求建立完整的设备日常检查记录（即设备日常巡检·维修台账）。
- 巡检、维修台账缺失或未正确填写。
- 机、泵、液压设备上有油污、积灰等未及时清理。
- 电焊机、空压机、热水器、风扇等设备，损坏未及时修理。
- 各种管线防腐、保温层脱落未及时处理。
- 由于水管损坏导致地面有大量积水，未及时清理。

推行注意事项：

设备的点检责任制和日常清扫工作的进行与检查。

（7）检查内容：库房

不良现象：

- 物品存放较凌乱，地面有垃圾等。
- 库房遍地油污，漏液严重。

推行注意事项：

库房的清扫工作推进。

2. 巩固自测

（1）单选题

1）在设备上粘有胶带，将它撕下来这个过程体现了5S中的哪一项？（   ）

A. 整理　　　　　B. 整顿　　　　　C. 清洁　　　　　D. 清扫

2）利用"白手套检查法"对清扫结果进行检查，一对手套就能检查（   ）个工序。

A. 10　　　　　　B. 20　　　　　　C. 24　　　　　　D. 30

3）清扫的目的不包括（   ）。

A. 维护生产安全　　　　　　　　B. 减少工业灾害

C. 消除寻找物品的时间　　　　　D. 保证产品品质

4）有关用"白手套检查法"进行检查时的说法错误的是：（   ）。

A. 每次擦拭的部位不需要变换　　B. 多预备几对手套

C. 多让当事者自己判定　　　　　D. 每次只用一个手指头检查

5）清扫的主要对象包括（   ）。

A. 物品放置场所　　　　　　　　B. 设备

C. 空间　　　　　　　　　　　　D. 以上都是

（2）多选题

1）以下说法正确的有：（   ）。

A. 有清洁工，所以就不要自己亲自清扫了

B. 脏的话，立刻擦拭

C. 不弄脏、不散落、不溅出

D. 不留空白，不留死角

2）清扫的真意就是（　　　　）。

A. 点检 　　　　　　　　B. 以发掘问题点的角度来考量

C. 大扫除 　　　　　　　D. 逐点逐点地检查

3）企业污染发生源产生的原因包括（　　　　）。

A. 管理意识低落 　　　　B. 放任自流

C. 维持困难 　　　　　　D. 技术不足

（3）判断题

1）清扫就是彻底的卫生大扫除。（　　　　）

2）清扫并不仅仅是打扫，需要当作一项检查工作，是要用心来做的。（　　　　　）

3）清扫就是点检，清扫的过程就是检查的过程，通过清扫发现异常。（　　　　）

4）清扫是清洁工的事情，与其他人员无关。（　　　　）

5）安全第一，生产现场内过高、过远的地方不需要清扫。（　　　　）

6）清扫工作要求人人参与，设不设置责任人无所谓。（　　　　）

七、评价反馈

表 7-6　小组自评表

班级		组名		日期	年 月 日
评价指标	评价内容			分数	分数评定
信息检索	能否有效利用网络、课本等查找有用的相关信息 能否用自己的语言有条理地去解释、表述所学知识			10分	
感知工作	是否熟悉工作岗位，认同工作价值 在工作中是否能获得满足感			10分	
参与态度	是否积极主动参与工作，能吃苦耐劳，崇尚劳动光荣、技能宝贵 与教师、同学之间是否相互尊重、理解、平等 与教师、同学之间是否能够保持多向、丰富、适宜的信息交流			10分	
	能否探究式学习、自主学习不流于形式,处理好合作学习和独立思考的关系,做到有效学习 能否提出有意义的问题或能发表个人见解 能否按要求正确操作 能否倾听别人意见、协作共享			10分	
学习方法	是否学习方法得体,有工作计划 是否获得了进一步学习的能力			10分	
工作过程	平时上课的出勤情况和每天完成工种任务情况 是否善于多角度分析问题 能否主动发现、提出有价值的问题			15分	
思维态度	是否能发现问题、提出问题、分析问题、解决问题、创新问题			10分	

（续）

评价指标	评价内容	分数	分数评定
自评反馈	是否按时按质完成工作任务 是否较好地掌握了专业知识点 是否具有较强的信息分析能力和理解能力 是否具有较为全面严谨的思维能力并能条理清楚、明晰,表达成文	25分	
自评分数			
有益的经验和做法			
总结反馈建议			

表 7-7　小组互评表

班级		组名		日期	年　月　日
评价指标	评价内容			分数	分数评定
信息检索	该组能否有效利用网络、图书资源、工作手册查找有用的相关信息等			5分	
	该组能否用自己的语言有条理地去解释、表述所学知识			5分	
	该组能否将查到的信息有效地传递到工作中			5分	
感知工作	该组是否熟悉工作岗位,认同工作价值			5分	
	该组成员在工作中是否能获得满足感			5分	
参与态度	该组与教师、同学之间是否相互尊重、理解、平等			5分	
	该组与教师、同学之间是否能够保持多向、丰富、适宜的信息交流			5分	
	该组能否处理好合作学习和独立思考的关系,做到有效学习			5分	
	该组是否能提出有意义的问题或能发表个人见解,能够倾听别人意见、协作共享			5分	
	该组能否积极参与,在生产现场清扫过程中不断学习,综合运用信息技术的能力得到提高			5分	
学习方法	该组的工作计划、操作技能是否符合现场管理要求			5分	
	该组是否获得了进一步发展的能力			5分	
工作过程	该组是否遵守管理规程,操作过程是否符合现场管理要求			5分	
	该组平时上课的出勤情况和每天完成工作任务情况			5分	
	该组成员是否善于多角度分析问题,能主动发现、提出有价值的问题			15分	
思维态度	该组是否能发现问题、提出问题、分析问题、解决问题、创新问题			5分	
自评反馈	该组是否能严肃认真地对待自评,并能独立完成自测试题			10分	
互评分数					
简要评述					

表 7-8　教师评价表

班级			组名		姓名	
出勤情况						
评价内容	评价要点	考察要点		分数	分数评定	
1. 任务描述	口述内容	(1)表述仪态自然、吐字清晰		10 分	表述仪态不自然或吐字模糊扣 1 分	
		(2)表达思路清晰、层次分明、准确			表达思路模糊或层次不清扣 1 分	
2. 熟悉任务	理解清扫的含义；分组分工	(1)清扫含义理解准确		20 分	表达思路模糊或层次不清扣 1 分	
		(2)分组分工明确			知识不完整扣 1 分,分工不明确扣 1 分	
3. 合作探究	清扫的目的	清扫的目的		30 分	一处表达不清楚或层次不清扣 1 分,扣完为止	
		清扫的要领				
		油漆作战法				
		清扫的注意事项				
	推行步骤	清扫活动推行方案		25 分	一处表达不清楚或层次不清扣 1 分,扣完为止	
4. 总结	任务总结	(1)依据自评分数		2 分	依据总结内容是否到位酌情给分	
		(2)依据互评分数		3 分		
		(3)依据个人总结评分报告		10 分		
合计				100 分		

学习心得：

_____

_____

_____

生产现场清洁

一、项目目标

1. 知识目标
1）掌握清洁的含义与目的。
2）明确清洁的注意事项。
3）掌握清洁的实施步骤。

2. 能力目标
1）能够维持生产现场的前3S。
2）具备制订清洁手册的能力。

3. 素养目标
1）培养坚持不懈的精神。
2）培养自我反省的态度。
3）培养团队精神。

二、项目引入

请思考：清扫与清洁有什么区别呢？
二者不同，清洁不能单纯地从字面上来理解，它是对前3S的坚持和深入。

三、重点和难点分析

1. 重点
如何维护前3S。

2. 难点
清洁的实施步骤。

四、相关知识链接

1. 清洁的含义
　　清洁就是对清扫后状态的保持，将前3S（整理、整顿、清扫）实施的做法制度化、标准化，并贯彻执行及维持成果。强调的是对前3S的坚持和深入，从而创造一个良好的工作环境，消除发生安全事故的根源，使员工能愉快地工作。

2. 清洁的目的
　　（1）维持洁净的状态　通过整理、整顿、清扫，生产现场变得干净、明亮，

微课 8-1
清洁的定义
与目的

而清洁就是将这种状态保持，有利于工作效率的提高和个人潜能的发挥。

（2）**通过制度化维持成果** 通过前3S的实施，发现不足，进行改善，将推行3S好的工作经验标准化和制度化，通过制度化维持成果，使5S的工作不断地向纵深发展。

（3）**清洁是标准化的基础** 标准即"为了在一定范围内获得最佳秩序，经协商一致制定并由公认机构批准，共同使用和重复使用的一种规范。"如果对整理、整顿、清扫不进行标准化，员工就只能按照自己的理解去做，实施的深度就会很有限。重视作业的标准化工作，也可在一定程度上避免由于作业方法不正确导致的工作效率过低和可能引起的对设备和人身造成的安全事故。

（4）**企业文化开始形成** 企业文化是一种现代企业的管理思想和管理模式，体现了企业及其员工的价值准则、经营哲学、行为规范、共同信念，是全体员工共同遵守的准则，并通过员工的行为表现出来。

企业文化是企业的灵魂，是推动企业发展的不竭动力。企业文化的价值很大程度上会决定一个公司是否能健康可持续地发展。企业要想发展好，文化的重要性不言而喻。企业文化会直接影响员工的价值观，好的企业文化能够帮助员工树立正确的价值观，有利于积极地开展部门日常工作，同时也能让公司每天高效地运转，节约公司成本。所以，企业文化的建设很有必要性，而清洁是一个企业的企业文化建设开始步入正轨的一个重要步骤。

1）有利于企业核心力的形成。企业发展依靠核心竞争力，而核心竞争力来源于员工队伍的整体素质。

2）有利于团队精神的培养。通过5S管理，企业的知名度和美誉度上升，管理文化创新、员工行为的规范会塑造良好的企业形象。这些更增强了员工对企业和工作的忠诚度和依赖感，为团队精神的培养埋下良好的种子。

3）有利于塑造知名品牌的形象，为客户提供直观、可信的产品。规范化、制度化、标准化的工作方式，为稳定生产、提高产品质量打下坚实基础，提供有力的保障。

3. 清洁的注意事项

（1）**清洁不是简单的清扫干净** 开展清洁活动时，除了将生产现场清扫干净外，还要保证现场没有多余的物品，且物品摆放整齐、标示清楚，即保持前3S活动的工作成果。

微课 8-2
清洁的注意
事项

（2）**清洁的对象应全面化** 清洁的对象不仅包括生产现场的各种物品，还包括员工本身。对于员工而言，不仅要做到形体上的清洁，如工作服干净、及时理发、洗澡等，而且要做到精神上的清洁，如团队精神、职业道德等。一个企业若是想快速、稳定、健康地发展，除了创新潜力外，团队精神也是必不可少的。

◇ **启示角**

古人有言："千人同心，则得千人之力；万人异心，则无一人之用。"这句话的意思是：如果一千个人同心同德，就可以发挥超过一千人的力量，可是，如果一万个人离心离德，恐怕连一个人的力量也比不了！当然不仅仅是企业，我们整个国家的安定、社会的发展也需要团结。一花独放不是春，百花齐放春满园。只要将全党和全国各族人民的智慧和力量集中起来，任何困难都不可能阻挡我们前进的步伐！

（3）**清洁要实现制度化和标准化**　对生产作业现场开展整理、整顿和清扫后，为保持其成果，还需要通过清洁活动实现制度化和标准化，以推行 5S 活动。所谓的制度化和标准化即形成一种固定的模式，需要大家去遵循。

（4）**进行定期的检查**　清洁是通过检查 3S 实施的彻底程度来判断其水平和程度的，所以定期检查是保障清洁实施的重要手段，具体如下。

1）确定前 3S 检查点

① 整理。重点检查放置场所有无不需要的物品，通道上是否放置了不要的物品、有无不要的设备，栏架上下有无不要的物品，机械周围或下边有无不要的物品。整理检查表见表 8-1。

表 8-1　整理检查表

部门：　　　　　　　　检查者：　　　　　　　　　　　日期：　年　月　日

序号	检查点	检查		对策（完成日期）
		是	否	
1	放置场所是否有不需使用的物品			
2	通道上是否放置不需使用的物品			
3	是否有不需使用的机械			
4	栏架上下是否有不需使用的物品			
5	机械周围或下边是否有不需使用的物品			
…				

② 整顿。重点检查制品放置场所是否显得凌乱，装配品放置场所是否做好"三定"，画线是否已完成80%以上，工装夹具是否显得凌乱，模具放置场所是否一目了然。整顿检查表见表 8-2。

表 8-2　整顿检查表

部门：　　　　　　　　检查者：　　　　　　　　　　　日期：　年　月　日

序号	检查点	检查		对策（完成日期）
		是	否	
1	制品放置场所是否显得零乱			
2	装配品放置场所是否做好"三定"（定位、定品、定量）			
3	零件、材料放置场所是否做好"三定"（定位、定品、定量）			
4	画线是否已完成80%以上			
5	治（工）具存放是否以开放式来处理			
6	治（工）具是否显得零乱			
7	模具放置场所是否可以一目了然			
…				

同时负责人也应该列出"整顿判定表"，对责任区内相关物品和设备再次进行检查。如果不满足要求的项目在 30 项以上，则需要进行再一次整顿。

常规的整顿判定表的主要项目包括：责任部门，检查者或核查者（填入姓名即可）；分类（整顿对象的分类），检查点（整顿对象的着眼点），检查（检查者进行现场巡查的同时填写，"是"——已做到，"否"——没做到，必须采取对策处理），对策和改善的完成期限（针对检查中"否"的部分，想出对策或改善措施，将其填入改善栏内）。整顿判定表具体内容见表8-3。

表8-3　整顿判定表

部门：　　　　　　　　检查者：　　　　　　　　日期：　年　月　日

分类	序号	检查点	检查		对策（完成日期）
			是	否	
刀具	1	使用频率低的刀具是否可以共同使用			
	2	是否能采取分类组合的方式处理			
	3	是否采取防止碰撞的对策			
	4	抽屉是否使用波浪板			
	5	抽屉是否采用纵向整理收拾			
	6	研削砥石是否堆积放置			
	7	是否采取防止碰撞的对策			
治(工)具	1	是否决定不良品的放置场所			
	2	放置场所是否有揭示"三定"看板			
	3	治(工)具本身是否贴有名称或代码			
	4	使用频率高的治(工)具是否放置在作业现场附近			
	5	是否依制品类别来处理			
	6	是否依作业程序来决定放置方式			
	7	治(工)具在作业指导书中有无指定场所			
	8	治(工)具是否零乱，是否在现场就看得出来			
	9	治(工)具显得零乱是否当场进行整理			
	10	治(工)具是否能根据共通化而将其减少			
	11	治(工)具是否能借助替代手段而将其减少			
	12	是否考虑归位的方便性			
	13	是否在使用场所的10厘米以内规定放置处			
	14	是否放置在10步以外			
	15	放置方位是否恰当，不弯腰就可以拿到			
	16	是否能吊起来			
	17	即使不用眼睛看，是否也能大致归位放好			
	18	目标尺寸范围是否很广			
	19	治(工)具使用中，是否能交替更换			
	20	是否根据外观进行整顿			
	21	是否能根据颜色进行整顿			
	22	使用频率高的刀具是否放置在身边			

（续）

| 分类 | 序号 | 检查点 | 检查 | | 对策 |
			是	否	（完成日期）
库存品	1	置物场所是否有展示"三定"看板			
	2	是否能一眼看出定量标示			
	3	物品的放置方法是否呈水平、垂直、直角、平行			
	4	置物场所是否有立体化的余地			
	5	是否做到"先进先出"			
	6	为防止物品间碰撞,是否有缓冲材料或隔板			
	7	是否能防止灰尘进入			
	8	物品是否直立摆放在地面			
	9	是否为不良品的保管明确了定置场所			
	10	是否有不良品放置场所的看板			
	11	不良品是否容易看见			
油品	1	是否有"油罐-给油具-注油口"的色别整顿			
	2	是否有油品种类汇总			
	3	在油品放置处是否有"三定"看板			
计量器具	1	放置场所是否有防止灰尘或污物的措施			
	2	计量器具放置场所是否有"三定"处理			
	3	是否知道计量器具的有效使用期限			
	4	微米量尺转动量是否放置在不振动处			
	5	是否下垫避振材料			
	6	方量规、螺纹量规是否有防碰撞措施			
	7	测试塞尺、直角尺是否吊挂以防止变形			
安全	1	通道是否放置物品			
	2	板材等长形物是否直立放置			
	3	是否对易倒的物品设置支撑物			
	4	物品堆积是否不容易倒塌			
	5	是否把物品堆积得很高			
	6	回转部分是否用盖子盖上			
	7	危险地区是否设有栅栏			
	8	危险标识是否做得很清楚、醒目			
	9	消防灭火器的标识是否从任意角度均可看见			
	10	消防灭火器的放置方式是否正确			
	11	防火水槽、消火栓的前面是否堆置物品			
	12	交叉路口是否有暂停记号			
合计					

综合结论：

③ 清扫。重点检查车间里的物品或货架上是否有灰尘，机器上是否沾满油污或灰尘，机器的周围是否飞散着碎屑或油滴，通道或地板是否清洁亮丽，是否进行了油漆作战。清扫要点检查表见表8-4。

表8-4　清扫要点检查表

部门：　　　　　　　　　　　检查者：　　　　　　　　　　　日期：　年　月　日

| 序号 | 检查点 | 检查 | | 对策 |
		是	否	（完成日期）
1	制品仓库里的物品或棚架上是否沾有灰尘			
2	零件材料或棚架上是否沾有灰尘			
3	机器上是否沾满油污或灰尘			
4	机器的周围是否飞散着碎屑或油滴			
5	通道或地板是否清洁亮丽			
6	是否执行了油漆作战			
7	工厂周围是否有碎屑或铁片			
…				

与整顿的检查过程一样，在清扫要点检查完之后，同样需要对责任区内相关物品和设备再次进行检查。如果不满足要求的项目在30项以上，则需要进行再一次清扫。

"清扫判定表"的主要内容包括：责任部门，检查者或核查者（填入姓名即可），分类（清扫对象的分类），检查点（与清扫有关的检查要点），检查（检查者进行现场巡查的同时填写，"是"——已做到，"否"——没做到，必须采取对策处理），对策和改善的完成期限（针对检查中"否"的部分，想出对策或改善措施，将其填入改善栏内）。清扫判定表具体内容见表8-5。

表8-5　清扫判定表

部门：　　　　　　　　　　　检查者：　　　　　　　　　　　日期：　年　月　日

| 分类 | 序号 | 检查点 | 检查 | | 对策 |
			是	否	（完成日期）
设备	1	是否清除机器设备周边的灰尘、油污			
	2	是否清除机器设备下的水、油和垃圾			
	3	是否清除机器设备上的灰尘、污垢、油污			
	4	是否清除机器设备侧面或控制板套盖上的油垢、污迹			
	5	是否清除油量显示或压力表等玻璃上的污物			
	6	是否将所有套盖都打开,清除其中的污物或灰尘			
	7	是否清除附着于气压管、电线上的尘埃、垃圾			
	8	是否清除开关等处的灰尘、油垢等			
	9	是否清除附着于灯管上的灰尘（使用软布）			
	10	是否清除阶梯面的油垢或灰尘（使用湿抹布）			
	11	是否清除附着于刀具、治具上的灰尘			
	12	是否清除模具上的油垢			
	13	是否清除测定器上的灰尘			

（续）

分类	序号	检查点	检查 是	检查 否	对策（完成日期）
空间	1	是否清除地板或通道上的沙、土、灰尘等			
	2	是否除去地板或通道上的积水或油污			
	3	是否清除墙壁、窗户等处的灰尘或污垢			
	4	是否清除窗户玻璃上的污迹、灰尘			
	5	是否清除天花板、梁柱上的灰尘、污垢			
	6	是否清除照明器具(灯泡、日光灯)上的灰尘			
	7	是否清除照明器具盖罩上的灰尘			
	8	是否清除棚架或作业台等处的灰尘			
	9	是否清除楼梯上的油污、灰尘、垃圾			
	10	是否清除梁柱上、墙壁上、角落等处的灰尘、垃圾			
	11	是否清除建筑物周围的垃圾、空瓶			
	12	是否使用清洁剂将外墙的脏污加以清洗			
库存品	1	是否清除与制品或零件、材料有关的碎屑或灰尘			
	2	是否清除切屑或洗净零件所产生的污锈			
	3	是否清除库存品保管棚架上的污物			
	4	是否清除半成品放置场所的污物			
	5	是否清除库存品、半成品的移动用栈板上的污物			
合计					
综合结论：					

2）**巡查评比**　注意定期进行巡查评比，公布结果，表彰先进，督促后进。巡查中遇到的不合格项目应拍下照片，记录清楚不合格之处，同时按照考核标准表进行打分评比（巡查考核标准表见表8-6），除了让当事人明白之外，也是提醒他人不要再犯的一个良好示例。

表8-6　巡查考核标准表

序号	检查项目	等级	得分	考核标准
1	通道和作业区	1级	0	没有划分
		2级	1	有划分，但不流畅
		3级	2	画线清楚，地面未清扫
		4级	3	画线清楚，地面有清扫
		5级	4	通道及作业区干净、整洁，令人舒畅
2	地面	1级	0	有污垢，有水渍、油渍
		2级	1	没有污垢，有水渍、油渍痕迹
		3级	2	没有污垢，有部分痕迹，显得不干净
		4级	3	经常清理，没有脏污痕迹
		5级	4	地面干净、亮丽，令人感觉舒畅

（续）

序号	检查项目	等级	得分	考核标准
3	办公桌、作业台、货架、会议室	1级	0	很脏乱
		2级	1	偶尔清理
		3级	2	虽有清理，但还是显得脏乱
		4级	3	自己感觉良好
		5级	4	任何人都觉得很舒服
4	厕所	1级	0	容器或设施脏乱
		2级	1	破损未修补
		3级	2	有清理，但还有异味
		4级	3	经常清理，没有异味
		5级	4	干净、亮丽，还加以装饰，令人感觉舒服
5	区域空间	1级	0	阴暗潮湿
		2级	1	虽阴暗潮湿，但有通风
		3级	2	通风好，但照明不足
		4级	3	照明适度，通风好，令人感觉清爽
		5级	4	干净、整齐，令人感觉舒服
	合计			

注：1级——差，2级——较差，3级——合格，4级——良好，5级——优秀。

清洁是将3S由事后3S转变为预防3S。通过制定标准，明确制度，将3S变为没有舍弃的整理，没有混乱的整顿，没有脏污的清扫。清洁的作用如图8-1所示。

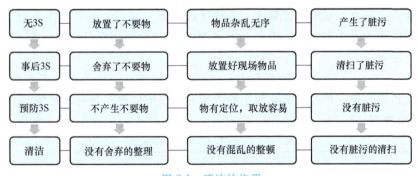

图8-1 清洁的作用

4. 清洁的实施步骤

清洁的实施步骤具体包括三步：一是固化3S成果，持续改善深化；二是建立5S管理制度体系，形成标准化与制度化；三是监督检查，考核评价，保证改善成效的持续。

（1）固化3S成果，持续改善深化 固化内容分为整理成果的固化、整顿成果的固化和清扫成果的固化。

1）整理成果的固化。指的是在整理过程中，将非必需品的判断要求等问题进行制度化，制定相关的操作标准与表单。具体包含完善"要与不要"的判定标准、制定

微课 8-3
清洁的实施
步骤

123

"保管场所"的基准、完善"废弃处理"的基准和设计"六源"检查记录单。六源包括污染源、清扫困难源（难以清扫的部位）、故障源、浪费源、缺陷源、危险源。当然，不同的企业与场所，各项基准与记录单的内容也有所不同。

2）整顿成果的固化。指的是对物料的科学定位，合理布局并完善和规范标识，形成一定的标准。具体包含物品放置方法的标准化、标识的标准化、作业的标准化和业务流程的标准化。一定要记住整顿的固化口诀：有物必有位、有位必分类、分类必标识、标识必规范。图8-2所示工具的摆放就很好地体现了这四句口诀的要点。

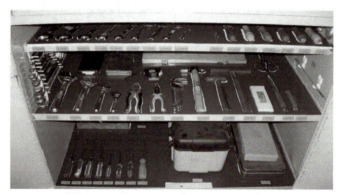

图 8-2　工具的摆放

3）清扫成果的固化。其目的是人人有事做，事事有人管，利用制度保障清扫区域的无尘。具体内容包含清扫区域责任制、设备管理规范、检查制度与奖惩措施和作业指导书编制。

（2）建立5S管理制度体系，形成标准化与制度化　制度包括了环境维护制度、设备管理制度、作业方法制度、现场巡视制度、考核评价制度。前三个制度可作为前3S的活动准则，后两个制度用于检查与评价。例如，可将5S管理制度装订成册，形成5S管理手册并发放，便于员工学习。

（3）监督检查，考核评价　检查分为员工的自我检查、管理人员的巡视检查、个人及部门间的评比检查。这三种检查都要制定检查标准，定期检查，并对照实施。表8-7为装配现场5S管理检查表。

表 8-7　装配现场 5S 管理检查表

装配线现场 5S 管理检查表					
班组：					检查日期：
项次		检查内容	配分	得分	整改记录
（一）整理	1	工作台是否有与工作无关的物品			
	2	装配工装上是否有不需要的物品			
	3	物料（C类物料、零部件）、工具是否摆放整齐有序、标识是否完好			
	4	不合格产品是否及时清理，报废零件是否及时清理，专用器具是否洁净			
	5	工具柜、衣帽柜是否整理、整齐摆放、标签是否完好			
	6	现场各个角落是否有不需要的杂物或物品（窗台、各角等）			

（续）

项次		检查内容	配分	得分	整改记录
（二）整顿	7	工作区域是否有落地零件,工装夹具等物品是否易于拿取、不用寻找,进行了放置管理(定制定位)			
	8	现场是否有区域划分,是否有地标且是否完好,定位线(胶带)是否有破损			
	9	现场作业指导书、规章制度、工艺卡、看板文件是否齐全,粘贴整齐、规范			
	10	不良品区域是否用红色器具盛放、标识是否清楚			
	11	工作区域通道是否通畅,界限是否清晰,各类物品是否按规定放置,通道上是否有物品占道			
（三）清扫	12	工作区域是否整洁,是否有尘垢、油、水、纸屑等其他杂物			
	13	使用的机器、设备、台车、周转车是否清洁无油垢			
	14	工作台、立柱、台车内是否清扫无杂物			
（四）清洁	15	员工是否穿工作服,是否穿着整齐			
	16	员工工作状态是否积极饱满,不大声喧哗,不随意走动			
（五）素养	17	员工是否随地吐痰,乱扔垃圾			
	18	员工是否有意识主动对本区域进行5S活动			

注:1分:很差,无人管理;2分:差,但可以看见有人在管理;3分:一般,个别地方没有做好;4分:好,可以接受,又提升空间;5分:非常好,符合要求,其他班组的学习榜样

检查日期: 　　　　　　　　审核日期:

1）员工的自我检查。指的是对照标准,日常检查,自我改善,形成习惯。自我检查作为监督检查的手段之一,能够为5S的有效实施保驾护航。

◇ **启示角**

不仅仅是5S,生而为人,人生处处需要自我反省。曾子曰:"吾日三省吾身:为人谋而不忠乎? 与朋友交而不信乎? 传不习乎?"我们每一天都应该自我反省,只有反省,才能让我们发现错误。发现错误不可怕,正所谓"人谁无过,过而能改,善莫大焉。"积极的接纳自己的错误,并做出改善,才能成就更完美的自己。

2）管理人员的巡视检查。指的是管理人员需要进行定期或不定期的巡视,查找出问题,限期整改,表扬先进,批评不足,提升动力。

3）评比检查。指的是制定评比规则,并严格按照评比规则执行,对于不好的现象拍照留存,按照标准奖罚分明。

五、任务实施

1. 任务分组

表 8-8　学生任务分配表

班级			组号			指导教师		
组长			学号					
组员	姓名	学号		姓名		学号		
任务分工								
完成生产现场的清洁								

表 8-9　填写任务单

项目名称		完成时间	
序号	任务名称	技术标准、质量要求	
1	清洁的注意事项	明确清洁不是简单地清扫干净 清洁的对象应全面化 实现制度化和标准化 进行定期的检查	
2	清洁的实施步骤	按实施步骤对生产现场开展整洁	
下达任务时间			
接受任务时间		接单人	小组

2. 熟悉任务

任务工作单 8-1

组号：

姓名：

学号：

引导问题 1：清扫与清洁有什么区别呢？

_____

引导问题 2：清洁与整理、整顿、清扫的关系是什么？

_____

_____

引导问题 3：清洁是不是对前 3S 的重复？

_____

_____

引导问题 4：清洁的目的是什么？

_____

_____

引导问题 5：清洁对企业文化的形成有什么作用？

_____

_____

◇　启示角

"苟有恒，何必三更起五更眠；最无益，莫过一日曝十日寒。"再小的事情，只要有恒心坚持，最后都会成功；反之，没有坚持，则一事无成。

引导问题 6：清洁的对象是不是只包括生产现场的各种物品？

_____

_____

_____

_____

3. 合作探究

任务工作单 8-2

组号：

姓名：

学号：

引导问题 7：清洁是如何判断前 3S 实施的彻底程度的？

_____

_____

引导问题 8：对于整理阶段的检查应重点检查哪些内容？

_____

_____

引导问题 9：对于整顿阶段的检查应重点检查哪些内容？

_____

_____

引导问题 10：如何判定整顿的实施是否满足验收要求？

_____

_____

引导问题 11：清扫要点检查完后是否需要进行再次检查判定？如果需要，判定的具体内容包括哪些？

_____

引导问题12：巡查评比的主要内容包括哪些？

_____

引导问题13：清洁的作用是什么？

_____

引导问题14：清洁的实施步骤包括哪些？

_____

_____

引导问题15：小组讨论制订清洁活动推行方案（包含目的、要领、步骤等）。

_____

_____

_____

_____

_____

_____

_____

六、拓展与巩固

1. 拓展知识

清洁活动在学校实训车间的应用

（1）**学校实训车间清洁管理方法**　教师应定期组织学生进行车间清洁管理的自我检查。通过自我检查，以及与最终检查结果的对照，让学生发现自己和其他同学在整理、整顿和清扫工作方面的差别，组织学生进行讨论交流，找出缺陷进行整改。

通过定期的车间教师巡查和学校领导巡查，可以体现学校领导对5S管理的重视和落实的决心，使学生对5S管理工作的认识和执行形成标准化和习惯化。

良好的习惯一旦养成，车间内设备、工具、材料以及成品、半成品等，就都能处于有序、整洁和令人感到舒适的状态。学生不再将5S管理当作应付检查的负担，而是一种发现问题、解决问题、提升工作效率的途径，能够切实感受到5S带来的便利和好处。

（2）**学生清洁意识与习惯的培养**　对于学生而言，首先要使其认识到5S管理是企业日常工作的一部分，而不是附加工作。生产出合格、标准的产品与维护生产环境和现场设备一样重要。不要产生"我就是来挣钱的，设备和环境是企业的，与我无关"的消极思想。企业和个人是一个整体，没有企业的发展，就没有个人的成就和前途。要提醒自己，做到管理好设备、保持好卫生，同时提升个人技能和素质，为将来进入企业工作打下一个良好的基础。

新习惯的养成必然要经历实施、检查、改善、再实施的循环过程。学校是学生走上工作岗位的起点，在 5S 管理中，应重点让学生从小事情做起，并且坚持做到、做好。

根据前面 3S 管理过程中制定的规范和制度，如整理的"要与不要"的标准、物品定置定容等整顿管理要求等，在不断地执行、检查、改善的循环过程中，将 5S 管理贯彻到底，最终习惯化、内化成学生的一种本能行为。

教师要和学生一起从日常的行为习惯抓起，看到不合理的现象就及时改正，对于不合规范的行为及时制止，把整理、整顿、清扫、清洁工作贯彻到底。

（3）实训车间清洁的注意事项

1）量具的清洁与保养。对于数控加工使用的高精度的量具，如游标卡尺、千分尺等，在测量前后应把量具的测量面和零件的被测量面用布擦拭干净，以免因有脏污的存在影响测量的精度。绝不可以用精密的量具去测量锻、铸件毛坯，更不能作为其他工具的代用品，否则将导致量具很快磨损而失去精度。

使用完毕后，需在金属表面涂上一层防锈油，放在专用的盒子内，保存在干净的地方以免生锈，并定期保养，核查其精度。

2）机床本身的清洁与保养。对于机床，必须做到每天检查导轨润滑油箱的油量，如果油量不够，则应及时添加润滑油。在清扫数控机床时，尽量用油枪，避免用气枪，以防切屑进入机床导轨或丝杠，进而引起导轨的磨损加剧和擦伤，影响机床的精度。数控机床的主轴锥孔必须用干净的棉布擦拭，不可用气枪吹。

3）机床电气柜的清洁与保养。由于数控机床中含有大量的电子元件，常常会由于潮湿和灰尘、振动等导致电子元件受到腐蚀或造成元件间的短路，引起机床故障。机床若长时间闲置，机床主要部件应上好油用报纸封存。在寒暑假期间，机床要定期通电，每次空运行 1 小时左右，利用机床运行时的发热量去除或降低机床内的湿度。

4）车间内其他物品、区域的清洁。在对机床、量具等进行清洁和保养的同时，车间内其他物品、区域的清洁工作必须坚持，不能松懈。

2. 巩固自测

（1）单选题

1）以下（　　）不属于整理阶段的检查点。

A. 放置场所有无不需要的物品　　　　B. 有无不要的设备

C. 制品放置场所是否显得凌乱　　　　D. 机械周围有无不要的物品

2）以下（　　）不属于整顿阶段的检查点。

A. 工装夹具是否显得凌乱　　　　　　B. 画线是否已经完成 80% 以上

C. 机器上是否沾满油污　　　　　　　D. 模具放置场所是否可以一目了然

3）以下（　　）不属于整理成果的固化。

A. 业务流程的标准化　　　　　　　　B. 完善"要与不要"的判定标准

C. 制定"保管场所"的基准　　　　　　D. 完善"废弃处理"的基准

4）以下（　　　）不属于清扫阶段的检查点。

A. 是否进行了油漆作战　　　　　　B. 通道或地板是否清洁亮丽

C. 货架上是否有灰尘　　　　　　　D. 零件是否做好"三定"

（2）多选题

1）清洁就是将（　　　）制度化、规范化、标准化，并贯彻执行及维持成果。

A. 素养　　　　　B. 清扫　　　　　C. 整理　　　　　D. 整顿

2）清洁的目的包括（　　　）。

A. 维持洁净的状态　　　　　　　　B. 通过制度化维持成果

C. 清洁是标准化的基础　　　　　　D. 企业文化开始形成

3）清洁应注意的事项包括（　　　）。

A. 清洁不是简单地清扫干净　　　　B. 清洁的对象应全面化

C. 实现制度化和标准化　　　　　　D. 定期检查

（3）判断题

1）清洁的对象仅仅指生产现场的各种物品，不包括员工本身。（　　　）

2）所谓的制度化和标准化即形成一种固定的模式，需要大家去遵循。（　　　）

3）清洁即是将3S由事后3S转变为预防3S。（　　　）

七、评价反馈

表8-10　小组自评表

班级		组名		日期	年 月 日
评价指标	评价内容			分数	分数评定
信息检索	能否有效利用网络、课本等查找有用的相关信息 能否用自己的语言有条理地去解释、表述所学知识			10分	
感知工作	是否熟悉工作岗位，认同工作价值 在工作中是否能获得满足感			10分	
参与态度	是否积极主动参与工作，能吃苦耐劳，崇尚劳动光荣、技能宝贵 与教师、同学之间是否相互尊重、理解、平等 与教师、同学之间是否能够保持多向、丰富、适宜的信息交流			10分	
	能否探究式学习、自主学习不流于形式,处理好合作学习和独立思考的关系,做到有效学习 能否提出有意义的问题或能发表个人见解 能否按要求正确操作 能否倾听别人意见、协作共享			10分	
学习方法	是否学习方法得体，有工作计划 是否获得了进一步学习的能力			10分	
工作过程	平时上课的出勤情况和每天完成工种任务情况 是否善于多角度分析问题 能否主动发现、提出有价值的问题			15分	
思维态度	是否能发现问题、提出问题、分析问题、解决问题、创新问题			10分	

（续）

评价指标	评价内容	分数	分数评定
自评反馈	是否按时按质完成工作任务 是否较好地掌握了专业知识点 是否具有较强的信息分析能力和理解能力 是否具有较为全面严谨的思维能力并能条理清楚、明晰,表达成文	25分	
自评分数			
有益的经验和做法			
总结反馈建议			

表 8-11　小组互评表

班级		被评组名		日期	年　月　日
评价指标	评价内容			分数	分数评定
信息检索	该组能否有效利用网络、图书资源、工作手册查找有用的相关信息等			5分	
	该组能否用自己的语言有条理地去解释、表述所学知识			5分	
	该组能否将查到的信息有效地传递到工作中			5分	
感知工作	该组是否熟悉工作岗位,认同工作价值			5分	
	该组成员在工作中是否能获得满足感			5分	
参与态度	该组与教师、同学之间是否相互尊重、理解、平等			5分	
	该组与教师、同学之间是否能够保持多向、丰富、适宜的信息交流			5分	
	该组能否处理好合作学习和独立思考的关系,做到有效学习			5分	
	该组能否提出有意义的问题或能发表个人见解,能够倾听别人意见、协作共享			5分	
	该组能否积极参与,在生产现场清洁过程中不断学习,综合运用信息技术的能力得到提高			5分	
学习方法	该组的工作计划、操作技能是否符合现场管理要求			5分	
	该组是否获得了进一步发展的能力			5分	
工作过程	该组是否遵守管理规程,操作过程是否符合现场管理要求			5分	
	该组平时上课的出勤情况和每天完成工作任务情况			5分	
	该组成员是否善于多角度分析问题,能主动发现、提出有价值的问题			15分	
思维态度	该组是否能发现问题、提出问题、分析问题、解决问题、创新问题			5分	
自评反馈	该组是否能严肃认真地对待自评,并能独立完成自测试题			10分	
互评分数					
简要评述					

表 8-12　教师评价表

班级			组名		姓名	
出勤情况						
评价内容	评价要点	考察要点		分数	分数评定	
1. 任务描述	口述内容	(1)表述仪态自然、吐字清晰		10 分	表述仪态不自然或吐字模糊扣 1 分	
		(2)表达思路清晰、层次分明、准确			表达思路模糊或层次不清扣 1 分	
2. 熟悉任务	理解清洁的含义；分组分工	(1)清洁含义理解准确		20 分	表达思路模糊或层次不清扣 1 分	
		(2)分组分工明确			知识不完整扣 1 分,分工不明确扣 1 分	
3. 合作探究	清洁的注意事项	确定前 3S 检查点		30 分	一处表达不清楚或层次不清扣 1 分,扣完为止	
		巡查评比的内容				
		清洁的目的				
	实施步骤	清洁活动实施步骤		25 分	一处表达不清楚或层次不清扣 1 分,扣完为止	
4. 总结	任务总结	(1)依据自评分数		2 分	依据总结内容是否到位酌情给分	
		(2)依据互评分数		3 分		
		(3)依据个人总结评分报告		10 分		
合　计				100 分		

学习心得：

_____

_____

_____

_____

_____

生产现场素养

一、项目目标

1. 知识目标

1）掌握素养的含义、目的与表现。

2）明确素养的注意事项与效果检查。

3）掌握素养的实施方法。

2. 能力目标

1）能够将实施素养的行动应用于 5S 工作中。

2）能够达到生产现场的素养要求，遵守工作中的规则和礼仪规定。

3）学会对素养实施的效果进行检查。

3. 素养目标

1）培养宽阔的胸怀。

2）培养坚持不懈的精神。

3）培养价值观的认同感。

二、项目引入

请再次阅读案例 9-1，体会素养的重要性。

> ◇ **启示角**
>
> 要办一流的企业，就必须拥有一流的人才。人的知识是重要的，但智力比知识重要，素质比智力更重要。海尔的员工素质不一般，但很多素质都是从无到有，从日常的基础管理中培训出来的。捡一块香蕉皮不费多大力气，但真正能捡起一块香蕉皮的人却不多。一件小事，反映了一个人的素质高低，员工的行为代表了一个企业的形象，张经理就是通过阿维捡香蕉皮这样一件小事，看到了海尔公司管理的严格。

案例 9-1
习惯改变命运

在生活中，人们会把随地吐痰、乱扔垃圾、大声喧哗等看成是没有素养的表现，在工作中，则会把漫不经心、马马虎虎、不遵守规章制度看成是没有素养的表现。那什么是素养呢？

三、重点和难点分析

1. 重点

实施素养的注意事项。

2. 难点

素养的实施方法。

四、相关知识链接

1. 素养的含义

素养通常是指员工在日常生活与工作中应该遵守的规则，自然而然所形成的良好的行为举止。素养的具体内容如下：

仪表：是指人的外表，包括容貌、姿态和服饰，是人的精神状态的外在表现。

仪态：是指人们在交际活动、日常工作和生活中的举止所表现出来的姿态和风度。

微课 9-1
素养的
含义、目
的及表现

礼节：是指对他人态度的表现和行为习惯，是礼貌在语言、行为方面的具体规定。

礼貌：是人们之间相互表示尊重和友好行为的总称，它的第一要素就是尊敬之心。

表情：是人的面部动态所流露的情感，在给别人的印象中，表情非常重要。

素养体现到工作上就是工作素养，企业对员工进行工作素养培养，必须制定相关的规章制度和行为礼仪规范，对员工进行培训教育，并持续推行5S中的前4S，使员工养成良好的工作习惯，这样才能提升员工的工作素养。素养体现在生活中的就是个人素质或者道德修养。个人无论在生活中还是工作中，都应该提高自己的素养，做到有礼节、懂礼貌、守规范，创造一个和谐的工作和生活环境。

5S管理始于素养，终于素养。素养是使员工时刻牢记5S规范，自觉地进行整理、整顿、清扫、清洁，使5S更重于实质，而非流于形式。素养就是能够自然而然地遵守规则。

2. 素养的目的

（1）培养具有良好素质的人才　让每个人都能严格地遵守公司的规章制度，让每个人都知道要在企业里成长就必须从内而外地主动积极，都能认为"我要成长，我做好了，企业才能做好。我是一个员工，应学会如何进行整理、整顿以及清扫。"

（2）铸造团队精神　团结就是力量，每一个人都主动、积极地把自己责任区范围内的事情做好，并不断地贯彻下去。每个人都这样做的话，那整个团队的力量将非常强大。

（3）创造一个充满良好风气的工作场所　素养强调的是持续保持良好的习惯，它是一个延续性的习惯，就好像一个人每天早上起来，都习惯刷牙、洗脸，如果哪一天没这样做，就会身不由己地觉得怪怪的，这就是一种习惯。如果每个员工都能养成良好的习惯，就可以创造积极向上的团队，形成良好的工作氛围。

3. 素养的表现

1）公司的每一位员工遵守公司的规章制度，认真而严格地按照标准进行作业。

具体表现在以下几个方面：

① 有强烈的时间观念，遵守出勤和会议的时间。每位员工在工作时间内都高度地紧张起来，养成时间就是成本的思维习惯，士气自然而然就会提高。

② 具备良好的文明礼貌习惯，待人接物诚恳。例如，见面说一声"早上好"、有错误说一声"对不起"、被人帮助说一声"谢谢"等，如果每个人都能养成这种习惯，许多人际关系的难题都会迎刃而解。

③ 工作过程中保持良好的状态。如在工作时间不随意地谈天说笑、没有各种不应有的言行等。

④ 每一个员工都衣着得体，正确佩戴厂牌或工作证。

⑤ 尊重别人，为他人着想。

2）遵守社会公德，热心公益事业。

3）有责任心，敬老爱幼，关心他人。

4）信任别人，有宽阔的胸怀。

◇　**启示角**

"海纳百川，有容乃大；壁立千仞，无欲则刚。"这句话的意思是大海因为有宽广的度量才容纳了成百上千条河流；高山因为没有钩心斗角的凡世杂欲才如此的挺拔。每个人身上都有"盲点"，使人看问题不可避免地带有不同程度的片面性、局限性。不必见人的短处就大惊小怪，要学会宽容，因为你自己本身也有"盲点"。员工之间团结好，才能创造出一个积极的、和谐的、卓有成效的工作环境。

---

4. 素养的实施

素养活动的实施主要通过继续推动前 4S 活动、制定规章制度、实施各种教育培训和开展各种提升的活动等来实现，具体如下。

（1）继续推动前 4S　前 4S 是基本动作，也是手段，主要借助这些基本动作或手段来使员工实际体验"整洁"的作业场所，在无形中养成一种保持整洁的习惯。如果前 4S 没有落实，则第 5 个 S 就没有办法达成。

微课 9-2
素养的实施
方法

5S 实施得好的企业，大体上要经历四个阶段：

1）形式化阶段。此阶段主要是响应上级号召，多少存在应付心理。

2）行事化阶段。该阶段由于长期坚持，改变了原有的心理模式。

3）习惯化阶段。这一阶段不再感觉到压力，已经习惯了。

4）企业文化阶段。该阶段已经形成一种整体改善的氛围。

◇　**启示角**

5S 推行从最初的应付心理到最后整个企业形成一种整体改善的氛围，不积极的人也被带得积极。这种由量变到质变的过程，看似复杂实则简单，其关键在于坚持。正所谓"不积跬步，无以至千里，不积小流，无以成江海"，成功都是刻苦努力的结果，所以大家一定要抓住时间，努力奋斗，坚持下去，必有所成。

（2）制定相关的规章制度并严格执行　"没有规矩不成方圆"，企业是一个组织，要想提高员工素养，首先得让员工有规则可依。规章制度是员工的行为准则，也是让员工达成共

识、形成企业文化的基础。例如，企业可以制定相应的员工手册、员工守则、礼仪手册等，保证员工达到修养的最低限度，并力求提高。某企业制定的工作纪律规范见表9-1。

表 9-1 工作纪律规范

制度名称	工作纪律规范	编号	
		执行部门	

第1章 总 则

第1条 为规范公司员工工作行为,有效保障公司日常办公秩序,打造企业良好形象,现结合公司实际,特制定本规范。

第2条 本规范适用于公司内所有员工的考勤、办公和会议等纪律。

第2章 考勤纪律

第3条 上班打卡

1. 上班时间:上午 8:00—12:00,下午 14:00—17:30。员工上下班要严格执行打卡规定。

2. 所有员工办理私事,应按规定办理请假手续。请假超过 1 小时,按小时数(不足 1 小时,按 1 小时计)计扣工资。

3. 员工事先没请假且超过 1 小时无打卡记录,则按旷工半天处理,当日整天无打卡记录,按旷工一天处理。

第4条 出差管理

1. 公司所有员工出差,依照公司规定,应事前办理出差审批和费用借支手续。

2. 员工周末、晚上以及休假时间出差在外,按实际天数(不足 1 天按 1 天计)计发餐补。

3. 员工出差的审核:依照公司规定,经由相应权责人审批。员工结束出差返回后应及时返回公司上班。上班时间内不及时返回上班的,按旷工处理。特殊原因未返回,应事先请假获准方可。

4. 出差人员的报销:应按照公司规定,及时报销费用。

第5条 加班管理

1. 除周末、节假日及休假时间外,因工作需要超过 2 个小时正常上班时间工作的,计为加班一次,2 小时以内不算加班。加班必须按照规定,依照有关程序事前申请审批。未事前审批的,不计加班。

2. 公司安排法定节假日加班时,将支付日薪金三倍标准工资。

第3章 办公纪律

第6条 不得违反的规定

1. 按时上下班,不迟到、早退和脱岗。

2. 坚守工作岗位不得串岗。

3. 不得因私事长时间占用电话。

4. 不得玩手机或电脑游戏、上网看电影、炒股票或做其他与工作无关的事情。

5. 不得消极怠工、吃零食、打闹嬉戏或进行娱乐活动。

6. 工作时间内不得喝酒、不干私活、不赌博。

7. 不得大声喧哗干扰他人工作等,注意保持办公室安静。

8. 爱护公物,不浪费企业机器设备、工具、物料等。

第7条 必须遵守的规定

1. 员工车辆(自行车、摩托车、汽车)应按企业指定方式、区域停放。

2. 员工应按规定做好日常的机器、设备的保养工作。

3. 严格执行安全操作规程,全心工作,避免事故发生。

4. 接到生产或质量或安全等问题的整改要求后,必须在规定时间内落实整改。

5. 职员应在每天的工作时间开始前和工作时间结束后做好个人工作区内的卫生保洁作,保持物品整齐,桌面清洁。

第8条 其他规定

1. 服从上级指挥,如有不同意见,应据实际述,一经上级主管决定,应立即遵照执行。

2. 职员间的工作交流应在规定的区域内进行(大厅、会议室、接待室、总经理室)或通过公司内线电话联系,如需在个人工作区域内进行谈话的,时间一般不应超过 3 分钟(特殊情况除外)。

3. 发现办公设备(包括通信、照明、影音、电脑等)损坏或发生故障时,员工应立即向办公室报修,以便及时解决问题。

第4章 会议纪律

第9条 参加公司会议,必须按照会议要求时间,提前进入会场到指定位置就座并携带好记录纸和笔。

（续）

第 **10** 条	到会人员未经准许,不准迟到、缺席、中途退席。				
第 **11** 条	到会人员必须穿戴工作服并整洁,坐姿要适当,不得横躺顺卧、跷脚。				
第 **12** 条	参加会议把手机调为静音或会议模式状态,在会议中不得接听电话。				
第 **13** 条	不得做与会议无关的事情,如看报纸、看杂志、玩手机、大声喧哗、聊天说话、睡觉等。				
第 **14** 条	会议期间不准私下交头接耳或做其他与会议无关的事情。				
第 **15** 条	会议期间如有问题,举手示意,并经主持人同意后,文明发言,不得大声喧闹。				
第 **16** 条	自觉维护会场卫生,不得乱扔杂物和垃圾,不得随地吐痰。				
第 **17** 条	会议后座椅要归位,并排队有序退场。				
第 **18** 条	以上条款除第一条外,每有一项违反规定,1 次扣款 20 元,情节严重的,另行处罚。				

第 5 章　附　录

第 **19** 条	本规范由人力资源部制定,其解释权归人力资源部所有。
第 **20** 条	本规范经总经理审批,颁布之后执行。

编制人员		审核人员		批准人员	
编制日期		审核日期		批准日期	

需要强调的是,规章制度只要一经制定,任何人都必须严格遵守,否则将失去意义。当一个破坏规则的人出现以后,如果没有及时给予其相应的处罚,连续破坏规则的现象就会出现,这就是所谓的"破窗效应"。

◇ **启示角**

"破窗效应"是根据一项"破窗"实验提出来的:如果有人打破一栋建筑物上的一块玻璃,又没有及时进行修复,别人就可能受到某种暗示性的纵容,去打破更多的玻璃。任何一种不良现象的存在,都在传递着一种信息,这种信息会导致不良现象的无限扩展,如果对这种行为不闻不问、熟视无睹、反应迟钝或纠正不力,就会纵容更多的人"去打烂更多的窗户玻璃",就极有可能演变成"千里之堤,溃于蚁穴"的恶果。

（3）实施各种教育培训　不断地培训是提高企业内员工素养的最有效方法。培训有助于员工养成制定和遵守规章制度的习惯,培养其对公司、部门及同事的热情和责任感。培训可分为岗前培训和在岗培训。

1）岗前培训。顾名思义,岗前培训就是上岗之前的培训。岗前培训的主要内容包括:学习该岗位所需要的专门技能,学习全员共同遵守的各项规章制度,学习待人接物的基本礼仪,熟悉企业建筑环境、作息时间、通信联络、防火逃生等方法。

2）在岗培训。在岗培训是指为了提高员工的工作技能,在员工完成工作的同时,使其接受各种有针对性的培训活动,是将员工素养提高到更高一个层次的重要手段。

在岗培训的主要内容包括:相同岗位间的信息横向交流、参观、评比,先进带动后进,同一人员在不同工作岗位上的轮岗培训,外出参观、研修,获取新知识、新观点、新方法,以及就某一主题展开活动,如体育活动、演出活动、社交活动。

（4）开展各种精神提升的活动

1）早会。早会是一个非常好的提升员工文明礼貌素养的平台。企业应建立早会制度,这样有利于培养团队精神,使员工保持良好的精神面貌。原则上每天正常上班前10分钟开始，一般控制在5~10分钟。

早会应该做一些规定，例如：参加早会的人员应准时到场；早会人员应服装整洁，正确佩戴厂牌；精神饱满，列队整齐；指定早会主持人员或以轮值主持的方式进行；重点交流工作计划、效率、注意事项等内容。

早会的好处有：使工作计划和命令顺利传达，促进员工对工作的理解；相互交流，增进公司内部的沟通，提升团队合作精神；使每个人朝气蓬勃地开始新一天的工作，目标明确，充满活力。

2）5S征文比赛。5S征文比赛可加深广大员工对5S的进一步理解与认识，使每个员工分享5S带来的成就感，从而有利于该项活动更持久有效地开展下去。

3）5S知识竞赛。5S知识竞赛可进一步强化员工对5S管理的认识，营造氛围，增强部门之间的团队合作精神，对推行5S管理将会起到很好的促进作用。

5. 素养的注意事项

素养是5S管理的终极目标，5S并非做过了，而是做好了，才算做了。当面对一些不良习惯或小问题、老毛病时，解决的办法，是让所有员工都有责任区域，都有自己所属的一个团队，团队荣我荣、团队耻我耻，以团队作战，监控的力度增大，最后通过公示检查结果，评选冠亚军，结果与奖惩挂钩等以促进良好习惯的形成。注意事项如下：

微课9-3
素养的注
意事项及
效果检查

1）创造一个宽松的执行氛围，不要简单地将某个员工偶尔一次未执行好规范，当作一个典型人物来处理。

2）多个员工多次未执行好某个规范，也不要简单地认为是员工有意所为或认为团队没有凝聚力，而是要多查找和分析根本原因，大都是因为系统本身的原因所致。

3）素养实施不是只把"规章制度"贴到墙上让员工自己学习就可以了，只培训作业所要求的具体操作，对"规章制度"不加任何说明，或只是把"规章制度"贴在墙上，看得懂的人看，看不懂的人则不过问，这样体现不出"规章制度"的价值，只会让5S流于形式。

◇　**启示角**

何为价值呢？价值是指在实践基础上形成的主体与客体之间的意义关系，是客体对个人、群体乃至整个社会的生活和活动所具有的积极意义。事物都有其价值，但是同样的事物并不体现出同样的作用和价值，甚至差别巨大，这是因为使用的途径不同，如果只是将"规章制度"贴在墙上，不加任何说明，则会让其逐渐失去价值。人也同样如此。每个人都有独特的价值，我们要在社会生活中积极发挥出个人的价值，为社会贡献出自己的一分力量。

4）教育的责任不仅在于学校、家庭和社会，和工厂也是相关的。只管生产的工厂，一定不会取得好的发展。只管生产的工厂，只会使工厂的"三忙"现象更严重。表面上看每个人都很忙，其实很多在做多余的事情或者所做的事情是无功效的；员工总是机械地做事，没有工作方向，效率不高；长期盲目的工作导致员工思想麻木，意识迷茫，整天不知自己在干什么，干什么都是糊里糊涂。

为了避免上述的问题的出现，这就要求工厂不仅要培训与生产有关的工艺流程等方面的知识，而且还要培训员工待人接物的基本礼仪以及需要共同遵守的各项规章制度等内容。员工素质提高了，产品的质量就有保障了，工厂才能取得好的发展。

5）需要必要的奖惩制度，如果没有鲜明的奖惩制度，"规章制度"在实行的过程中，人们容易视而不见。在素养实施阶段，一定要践行"违者必究、有错必改"的原则，否则一切的"规章制度"将因人情因素而大打折扣。

6）必须长期坚持，很多企业存在这样的弊病：一紧二松三垮台四重来。因此，推行规章制度不仅一开始要强制执行，而且要长期坚持，使员工潜移默化、慢慢养成自觉遵守规章制度的好习惯，从"要我做"逐步过渡到"我要做"。不要妄想通过三两天的培训改变人的思想认识，素养的养成一定是一个长期的过程。

6. 素养的效果检查

开展素养活动之后，要对素养活动的各个方面进行检查，以便确定素养养成的效果。素养养成的效果的检查方法包括现场观察、考察、查阅记录、交谈、座谈等方式。进行素养养成的效果的检查使用的工具通常为员工素养检查表。

企业在使用检查表对素养养成的效果进行检查时，需要逐条确定员工是否充分查表。理解每一项检查的目的，并参照检查表逐项对员工进行检查。员工素养检查表主要包括对员工日常5S活动、纪律、仪表、礼仪、行为规范的检查。为了便于检查人员对员工的素养效果进行检查，需要使现场状况一目了然，即一眼看过去就清楚谁在做什么，这样就能发现问题或者看到不规范的行为。为了使现场状况一目了然，需要拆除部门间的隔断以及架子件的隔板，使现场变成一个通透的大空间，放眼望去，一切可以尽收眼底。员工素养检查表见表9-2。

表9-2　员工素养检查表

序号	检查项目	等级	得分	检查状况	检查方法	检查结果	纠正跟踪
1	日常5S活动	1级	0	没有活动	1. 查阅记录 2. 观察 3. 座谈		
		2级	1	虽有清洁工作,但未按5S计划进行			
		3级	2	主动对5S进行宣传			
		4级	3	平时能够做到5S计划工作			
		5级	4	积极参与5S活动			
2	纪律	1级	0	大部分时间不遵守工作纪律	1. 观察 2. 抽查		
		2级	1	基本遵守工作纪律但很多时候违反			
		3级	2	不愿遵守纪律,但会尽力去做			
		4级	3	偶尔存在违反工作纪律的现象			
		5级	4	非常遵守纪律,不存在违反工作纪律的现象			
3	仪表	1级	0	衣服脏污不整齐,不修边幅	1. 观察 2. 交谈		
		2级	1	衣服不整齐,头发、胡须过长			
		3级	2	纽扣和鞋带未弄好,妆容基本进行整理			
		4级	3	工作服、工作证按规定穿戴,妆容按规定整理			
		5级	4	整个人感觉充满活力			

（续）

序号	检查项目	等级	得分	检查状况	检查方法	检查结果	纠正跟踪
4	礼仪	1级	0	举止粗鲁,不讲礼貌	1. 交谈 2. 考察		
		2级	1	有时不讲礼貌			
		3级	2	个人表现较好,整个团队精神较差			
		4级	3	个人表现、整个团队精神较好			
		5级	4	整个团队精神好,个人表现好			
5	行为规范	1级	0	举止粗暴,口出脏言	1. 观察 2. 抽查 3. 座谈		
		2级	1	衣衫不整,不讲卫生			
		3级	2	自己的事情能做好,但缺乏公德心			
		4级	3	企业规则均能遵守			
		5级	4	主动精神,团队精神			

注：1级——差、2级——较差、3级——合格、4级——良好、5级——优秀。

具体来说，5S素养检查的内容包括：日常活动、员工行为规范以及服装仪表等。

1）素养在日常活动方面的效果检查主要有以下几个方面：

① 企业是否已经成立5S小组。

② 是否经常开展5S方面的交流、培训。

③ 企业领导是否对5S很重视，并率先推广。

2）素养在员工行为规范方面的效果检查主要有以下几个方面：

① 是否做到举止文明。

② 是否遵守公共场所的规定。

③ 是否做到工作齐心协力，团队协作。

④ 是否遵守工作时间，不迟到、不早退；大家是否友好地沟通相处。

3）素养在服装仪表方面的效果检查主要有以下几个方面：

① 是否穿戴规定的工作服上岗。

② 服装、鞋子是否干净、整洁；厂牌等是否按规定佩戴整齐。

③ 是否勤修指甲；仪容仪表是否干净并充满朝气。

五、任务实施

1. 任务分组

表 9-3　学生任务分配表

班级		组号		指导教师	
组长		学号			
组员	姓名	学号		姓名	学号
	任务分工				
	完成小组"5S"知识竞赛				

表 9-4　填写任务单

项目名称			完成时间	
序号	任务名称		技术标准、质量要求	
1	素养的实施		按要求实施素养活动	
2	素养的注意事项与实施效果的检查		明确素养的注意事项 能对素养活动的实施效果进行检查	
下达任务时间				
接受任务时间		接单人		小组

2. 熟悉任务

任务工作单 9-1

组号：

姓名：

学号：

引导问题 1：整理是不是区分物品的用途，清除不要的东西？

_____

引导问题 2：生产过程中对待不良品应不应该有不接受、不制造、不放过的态度？

_____

_____

_____

引导问题 3：清扫是不是清除垃圾和脏污，并防止污染发生？

_____

_____

_____

引导问题 4：整顿是不是提高效率的基础？

_____

_____

_____

引导问题 5：推行 5S 是否对提高生产效率、减少故障、保障品质、加强安全有很大作用？

_____

_____

_____

_____

3. 合作探究

任务工作单 9-2

组号：

姓名：

学号：

引导问题6：5S 管理的核心是什么？

_____

_____

_____

引导问题7：地面是否干净和在现场扫除脏污属于 5S 中的哪个 S？

_____

_____

_____

引导问题8：生产区域内有无用物品堆放属于 5S 中的哪个 S？

_____

_____

_____

引导问题9：物品乱摆放和通道是否保持畅通属于 5S 中的哪个 S？

_____

_____

_____

引导问题10：生产过程中执行的"三检制"内容是什么？

_____

_____

_____

六、拓展与巩固

1. 拓展知识

一、工作纪律的内容

工作纪律是强制性的规章制度，员工必须严格遵守，以保证企业生产经营及各项管理工作有序、高效地进行。要养成良好的工作素养，也需要自觉遵守工作纪律。只有员工在工作中自觉遵守工作纪律，才能养成良好的行为习惯，从而形成良好的工作素养。试想一个不按时上下班，上班时插科打诨，不遵守工作纪律的人，怎么可能具有良好的工作素养。

在工作中通常所说的工作纪律主要包括表 9-5 中的几项内容。

表 9-5　工作纪律的内容

工作纪律	考勤纪律	按规定的时间、地点到达工作岗位,按要求请假、休假(假期包括事假、病假、年休假、探亲假等)
	办公纪律	生产车间和办公室等都需要遵循办公纪律,不得违纪
	会议纪律	严明会议纪律,维持会场秩序,保证会议质量和效果
	保密纪律	保守企业的商业秘密和技术秘密
	奖惩制度	严格遵纪奖励与违纪惩罚规则
	其他纪律	与工作紧密相关的规章制度及其他规则

　　企业如何让员工遵守工作纪律是一个难题。通常企业管理人员通过制定规章制度的办法来要求员工遵守工作纪律,但是无论如何规定,最主要还是需要员工自觉遵守,否则企业制定再多的规章制度,也没有任何意义。

　　二、良好的行为习惯

　　在 5S 管理中,企业管理人员要不厌其烦地指导员工做整理、整顿、清扫、清洁和素养工作,其目的不仅仅在于希望员工能够将东西摆好,将设备擦拭干净,更主要的是在于通过琐碎、简单的动作,潜移默化地提升员工的素养,使其养成良好的行为习惯。

　　良好的行为习惯要从每一件小事做起,"勿以善小而不为,勿以恶小而为之",工作中常见的好的行为习惯如下:

　　1)用完的工具、物品放回原位。

　　2)作业人员按照作业标准进行作业。

　　3)不经常请假或者缺勤,按时上下班。

　　4)不在工作时间闲聊或者干与工作无关的事情,按时完成工作任务。

　　5)在办公室和会议室把手机关掉或调成静音等。

　　6)及时进行整理、整顿,保持办公桌的清洁、有序。

　　上述这些都是值得员工养成的好习惯。试想如果一走进办公室,抬眼便看到办公桌上堆满了信件、报告、备忘录之类的东西,就很容易使人感到混乱。更糟的是,这种情形也会让员工自己觉得有堆积如山的工作要做,可又毫无头绪,不知从何做起。面对大量的繁杂工作,员工还未工作就会感到疲惫不堪。零乱的办公桌无形中会加重员工的工作任务,冲淡员工的工作热情。因此,如果办公室整洁、有序,就能够提高工作效率和工作质量。

　　如果企业内的员工都能养成良好的习惯,按照 5S 管理的要求行事,遵守共同约定的事项,那么企业在提高企业员工的整体素养的同时,也能保证自身的不断发展。

　　三、良好的工作礼仪

　　工作礼仪是员工工作素养的外在表现。偷听他人讲话,传播小道消息,对同事或客户冷淡漠然,会议座次安排不合时宜,在工作场所大声喧哗等,这些都是员工素养不高、不具有良好的工作礼仪的表现。

员工需要进行工作礼仪的培养，以便具有良好的自我素养，维护良好的自身形象。企业为了使员工具备良好的工作礼仪，需要推进工作礼仪活动，及时对员工进行工作礼仪的培训和指导。工作礼仪培训常见的内容见表9-6。

表 9-6　工作礼仪培训常见的内容

项目	说明
电话礼仪	打电话的礼仪
接待礼仪	客户会面、交谈、膳食安排及送客等礼仪
社交礼仪	握手、问候等礼仪

企业通过对员工的工作礼仪进行培训，可提高员工的工作素养，同时也可有效塑造企业的形象，给客户留下规范、有礼、有节的良好印象。

除了企业对员工的工作礼仪进行培训之外，员工自身也应在工作中进行工作礼仪的培养，时刻注意自我行为是否符合礼仪规范，以便给上级、同事和下属等留下良好的印象。企业管理人员可通过对员工的日常进行观察，确定其行为是否符合礼仪规范，从而确定其在此方面是否具有工作素养。

2. 巩固自测

（1）单选题

1）企业竞争日趋激烈的环境下，（　　）是对企业良好发展起决定性作用的。

A. 先进设备　　　　　　　　　B. 先进技术

C. 企业员工及其素质　　　　　D. 企业硬件

2）素养的含义总结起来是（　　）。

A. 能够自然而然地遵守规则

B. 能够遵守企业各项规定

C. 形成良好的礼仪规范

D. 能够自觉地打扫生产现场

3）以下关于素养的描述，正确的是（　　）。

A. 素养要求做好自己该做的即可，不用关注其他人

B. 素养要求只需要在工作单位遵守规定

C. 素养强调的是持续保持良好的习惯，它是一个延续性的习惯

D. 工作中可以适当地迟到早退

4）5S实施的最后一个阶段是（　　）。

A. 形式化阶段　　　　　　　　B. 行事化阶段

C. 习惯化阶段　　　　　　　　D. 企业文化阶段

（2）多选题

1）下列关于素养的描述，正确的有（　　）。

A. 人的知识是重要的，智力比知识重要，素质没有智力重要

B. 素养指员工在日常生活与工作中遵守规则，自然而然所形成的良好的行为举止

C. 素养体现到工作上就是工作素养

D. 5S 管理始于素养，终于素养

2）生产现场素养的内容主要包括（　　　）。

A. 素养的含义　　　　　　　　　　B. 素养目的与表现

C. 素养的实施方法　　　　　　　　D. 素养的注意事项及效果检查

3）素养的具体内容包括（　　　）。

A. 仪表　　　　　　　　　　　　　B. 仪态

C. 礼节　　　　　　　　　　　　　D. 礼貌和表情

4）素养的目的有（　　　）。

A. 培养良好素质的人才　　　　　　B. 铸造团队精神

C. 整理工作现场　　　　　　　　　D. 创造一个充满良好风气的工作场所

5）素养的表现有（　　　）。

A. 遵守公司的规章制度　　　　　　B. 遵守社会公德，热心公益事业

C. 有责任心，敬老爱幼，关心他人　D. 信任别人，有宽阔的胸怀

（3）判断题

1）工作素养要求员工工作过程中可以打听别人隐私。（　　　）

2）企业对员工进行工作素养培养，必须制定相关规章制度和行为礼仪规范，对员工进行培训教育。（　　　）

3）工作纪律是强制性的规章制度，员工必须严格遵守，以保证企业生产及各项管理工作有序进行。（　　　）

4）车间工作人员为方便工作可以不注重仪表。（　　　）

5）上班时可以在办公区域或公共场所整理仪容仪表。（　　　）

6）员工需要进行工作礼仪的培养，以具有良好的自我素养。（　　　）

7）如果前 4S 没有落实，则第五个 S 素养就没办法实现。（　　　）

8）企业不需要建立奖惩制度。（　　　）

七、评价反馈

表 9-7　小组自评表

班级		组名		日期	年　月　日
评价指标	评价内容			分数	分数评定
信息检索	能否有效利用网络、课本等查找有用的相关信息 能否用自己的语言有条理地去解释、表述所学知识			10 分	
感知工作	是否熟悉工作岗位，认同工作价值 在工作中是否能获得满足感			10 分	
参与态度	是否积极主动参与工作，能吃苦耐劳，崇尚劳动光荣、技能宝贵 与教师、同学之间是否相互尊重、理解、平等 与教师、同学之间是否能够保持多向、丰富、适宜的信息交流			10 分	
	能否探究式学习、自主学习不流于形式，处理好合作学习和独立思考的关系，做到有效学习 能否提出有意义的问题或能发表个人见解 能否按要求正确操作 能否倾听别人意见、协作共享			10 分	

（续）

评价指标	评价内容	分数	分数评定
学习方法	是否学习方法得体,有工作计划 是否获得了进一步学习的能力	10 分	
工作过程	平时上课的出勤情况和每天完成工种任务情况 是否善于多角度分析问题 能否主动发现、提出有价值的问题	15 分	
思维态度	是否能发现问题、提出问题、分析问题、解决问题、创新问题	10 分	
自评反馈	是否按时按质完成工作任务 是否较好地掌握了专业知识点 是否具有较强的信息分析能力和理解能力 是否具有较为全面严谨的思维能力并能条理清楚、明晰,表达成文	25 分	
自评分数			
有益的经验和做法			
总结反馈建议			

表 9-8 小组互评表

班级		被评组名		日期	年 月 日
评价指标	评价内容			分数	分数评定
信息检索	该组能否有效利用网络、图书资源、工作手册查找有用的相关信息等			5 分	
	该组能否用自己的语言有条理地去解释、表述所学知识			5 分	
	该组能否将查到的信息有效地传递到工作中			5 分	
感知工作	该组是否熟悉工作岗位,认同工作价值			5 分	
	该组成员在工作中是否能获得满足感			5 分	
参与态度	该组与教师、同学之间是否相互尊重、理解、平等			5 分	
	该组与教师、同学之间是否能够保持多向、丰富、适宜的信息交流			5 分	
	该组能否处理好合作学习和独立思考的关系,做到有效学习			5 分	
	该组是否能提出有意义的问题或能发表个人见解,能够倾听别人意见、协作共享			5 分	
	该组能否积极参与,在生产现场实施素养活动中不断学习,综合运用信息技术的能力得到提高			5 分	
学习方法	该组的工作计划、操作技能是否符合现场管理要求			5 分	
	该组是否获得了进一步发展的能力			5 分	
工作过程	该组是否遵守管理规程,操作过程是否符合现场管理要求			5 分	
	该组平时上课的出勤情况和每天完成工作任务情况			5 分	
	该组成员是否善于多角度分析问题,能主动发现、提出有价值的问题			15 分	

（续）

评价指标	评价内容	分数	分数评定
思维态度	该组是否能发现问题、提出问题、分析问题、解决问题、创新问题	5分	
自评反馈	该组是否能严肃认真地对待自评，并能独立完成自测试题	10分	
互评分数			
简要评述			

表 9-9　教师评价表

班级		组名		姓名	
出勤情况					
评价内容	评价要点	考察要点		分数	分数评定
1. 任务描述	口述内容	（1）表述仪态自然、吐字清晰		10分	表述仪态不自然或吐字模糊扣1分
		（2）表达思路清晰、层次分明、准确			表达思路模糊或层次不清扣1分
2. 熟悉任务	理解素养的含义；分组分工	（1）素养含义理解准确		20分	表达思路模糊或层次不清扣1分
		（2）分组分工明确			知识不完整扣1分，分工不明确扣1分
3. 合作探究	素养的注意事项	素养的目的		30分	一处表达不清楚或层次不清扣1分，扣完为止
		素养的注意事项			
		素养实施效果的检查			
	实施步骤	5S知识竞赛推行方案		25分	一处表达不清楚或层次不清扣1分，扣完为止
4. 总结	任务总结	（1）依据自评分数		2分	
		（2）依据互评分数		3分	
		（3）依据个人总结评分报告		10分	依据总结内容是否到位酌情给分
合计				100分	

学习心得：

_____

_____

_____

_____

参 考 文 献

［1］ 涂高发. 5S 运作与改善活动指南［M］. 北京：化学工业出版社，2021.

［2］ 王小爱. 生产现场优化管理［M］. 北京：机械工业出版社，2011.

［3］ 李锋，黄德力. 图解 5S 运作精益化管理［M］. 北京：中国劳动社会保障出版社，2014.

［4］ 准正锐质中心. 图解 5S 现场管理实务［M］. 北京：化学工业出版社，2020.

［5］ 胡益民. 技工院校 6S 管理教程［M］. 北京：航空工业出版社，2019.

［6］ 张平亮，严志华. 现场管理与精益生产［M］. 北京：机械工业出版社，2019.